Selbständig als Gesundheitspsychologin

Nischenfindung · Markenbildung · Kundenbindung

Selbständig

als Gesundheitspsychologin

- **Nischenfindung**
- **Markenbildung**
- **Kundenbindung**

Bibliografische Information der Deutschen Nationalbibliothek

Die Deutsche Nationalbibliothek verzeichnet diese Publikation in der Deutschen Nationalbibliografie; detaillierte bibliografische Daten sind im Internet über http://dnb.d-nb.de abrufbar.

Mit großem Dank an
Professor Doktor Gerd Kaluza.

Ohne ihn gäb's dieses Buch nicht.

Das Buch ist kein Rechtsratgeber.
Ich habe die Inhalte nach bestem Wissen und Gewissen recherchiert,
aber ich hafte für nichts.

Impressum

© 2010 Anne Katrin Matyssek

Herstellung und Verlag: Books on Demand GmbH, Norderstedt

ISBN: 978-3-8391-6544-7

Auf einen Blick:

So machen Sie sich als Gesundheitspsychologe oder Gesundheitspsychologin selbständig

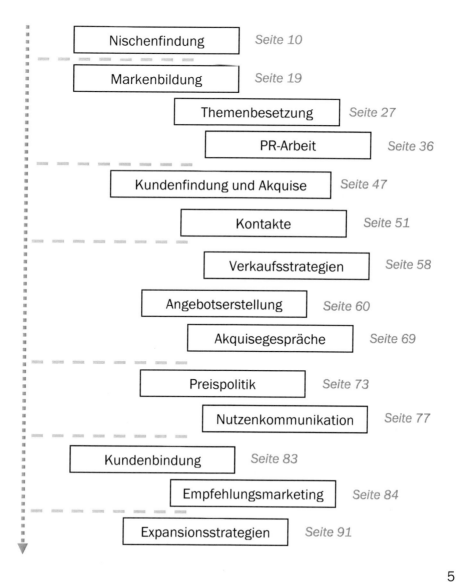

Inhaltsverzeichnis

Warum Gesundheit ein lohnendes Thema ist

Sie wollen sich selbständig machen als Gesundheitspsychologe oder als Gesundheitspsychologin? Gratuliere! Sie haben sich ein Thema ausgesucht, das in den kommenden Jahren an Bedeutung zunehmen wird. Aber das wissen Sie sicher längst, sonst hätten Sie sich nicht darauf spezialisiert. Der Konjunkturforscher Nefjodow beschreibt anhand der sogenannten Kondratieff-Zyklen, dass sich Gesundheit – und insbesondere die psychosozialen Aspekte von Gesundheit – in den Industrienationen zu dem boomenden Wirtschaftssektor schlechthin entwickeln wird.

Und Sie sind live dabei ...

Vor Ihnen liegt ein Buch, das gespickt ist mit Erfahrungsberichten. Ich bin Ihren Weg schon vor ein paar Jahren gegangen und bin sehr glücklich damit. Ich hätte mir aber zu Beginn meiner Tätigkeit ein Begleitbuch wie dieses hier gewünscht, um nicht alle Fehler selber begehen zu müssen. Dementsprechend finden Sie hierin viele Verweise auf Fallstricke und Fettnäpfchen, die Sie meiden sollten. Der besseren Anschaulichkeit wegen habe ich einige Geschichten über missglückte Gehversuche eingeflochten. Vielleicht können Sie sich diese Erfahrungen sparen ...

In finanzieller Hinsicht gibt es sicher lohnendere Themen als Gesundheit. Gesundheit ist zwar ein boomender Sektor und für viele das höchste Gut, das alle Jahre wieder auf der Wunschliste ganz oben steht – aber Geld dafür ausgeben, das will man dann doch nicht. Die Töpfe, die in Unternehmen für Betriebliche Gesundheitsförderung zur Verfügung stehen, sind um ein etliches kleiner als die für Vertriebstrainings, zum Beispiel. Und bei „Gesundheit für Privatpersonen" ist es ähnlich.

Auch bei Privatkunden haben Gesundheitspsychologen es nicht unbedingt leicht. Nach meiner Erfahrung ist es dem Endverbraucher quasi egal, ob da ein Psychologe ein Seminar zur Progressiven Muskelentspannung gibt oder eine Autodidaktin, die „Psychologie immer schon interessant" fand. Das soll nicht diskriminierend sein (beide können einen Super-Job machen), aber es hat Auswirkungen auf das Honorar bzw. es hat eben keine Auswirkungen, und das macht es für uns Psychologen schwierig: Wieso sollte der Privatmensch bei der Kursgebühr das deutlich höhere Ausbildungsniveau des Psychologen mitbezahlen, wenn er die – aus seiner Sicht – gleiche Leistung auch für ein Viertel des Honorars bekommen kann? Da müssen wir Psychologen schon sehr gute Argumente vorweisen, wenn wir unseren Preis durchsetzen wollen (keine Angst, Sie finden hier im Buch etliche Tipps auch zu diesem Thema).

Wenn Sie sich trotz dieser schwierigen Bedingungen für die Gesundheitspsychologie entschieden haben, dann haben Sie es vermutlich nicht in erster Linie aufs Geld abgesehen. Das Thema Gesundheit ist in anderer Hinsicht lohnend: Wir sind auf der Seite der „Guten". Wir haben die Moral auf unserer Seite, denn wir arbeiten daran, dass es Menschen besser geht, ohne dass jemand darunter leiden muss. Die Menschen sind dankbar, und das gibt einem unsagbar gute Gefühle. Das ist meine persönliche Erfahrung, die sich durch dieses Buch zieht.

Das Buch hat etliche Redundanzen. Die sind gewollt. Wer liest heute noch ein Buch von vorn nach hinten (selbst wenn wir Autoren das gern so hätten)?! Sie sollen sich in jedem einzelnen Kapitel sofort zurechtfinden, ohne lange hin- und herblättern zu müssen. Die Verweise sind daher auf ein Minimum beschränkt. Um das Buch leicht lesbar und verständlich zu halten, wird auf die Nennung der weiblichen Form (Kundinnen, Psychologinnen) oft verzichtet – das ist nicht böse gemeint. Natürlich beziehen sich die Inhalte gleichermaßen auf Frauen wie Männer.

Folgende Symbole finden Sie im Buch:

 Erfahrungs-
bericht   kleine Denk-
und Notizpause   Vorsicht
Fehler!   Denk-
anstoß

Viel Erfolg auf Ihrem Weg in die Selbständigkeit als Gesundheitspsychologe oder Gesundheitspsychologin wünscht Ihnen von Herzen

Ihre Anne Katrin Matyssek

1 Wie Sie Ihre Nische finden

> *„Ich mach' einfach Stressbewältigung!"*

Was wollen Sie wirklich?

Natürlich können Sie „einfach Stressbewältigung" machen. Aber abgesehen davon, dass das gar nicht sooo einfach ist: Es ist keine Nische. Das machen alle. Gesundheitspsychologen ebenso wie Menschen mit anderem Ausbildungshintergrund. Auch bunte Faltblätter von Yoga- oder Thai-Chi-Lehrern tragen den Titel „Training zur Stressbewältigung". Und es stimmt ja, ihre Methoden und Techniken sind eine Form der Stressbewältigung. Für den Laien ist der Markt kaum zu durchschauen.

Ich will Ihnen das nicht ausreden, denn als Start ist es ideal geeignet. Wenn Sie zum Beispiel die Fortbildung „Gelassen und sicher im Stress" von Professor Kaluza absolviert haben, sind Sie sehr gut dafür gerüstet, Seminare zur Stressbewältigung zu geben, die sogar von den Krankenkassen bezuschusst werden (wenn auch nicht wirklich gut bezahlt). Und auch Wirtschaftsunternehmen kaufen ab und zu dieses Seminar ein. Dort können Sie Ihr Honorar damit rechtfertigen, dass das Programm zigfach evaluiert ist und den Segen der Bundeszentrale für gesundheitliche Aufklärung hat. So etwas imponiert den Menschen, die in Unternehmen die Hand auf dem Geld haben. Das lohnt sich also schon eher.

 Ich will Ihnen das schon allein deshalb nicht ausreden, weil mein eigener Weg so begonnen hat: Mit dem Stressbewältigungsseminar von Professor Kaluza.

Aber auch „Stressbewältigung für Manager" ist noch keine Nische. Seminare mit diesem Titel gibt's einfach zu viele. Und auch zu viele Anbieter auf dem Markt, und das bedeutet immer: niedrige Honorare. Abgesehen davon wollen Sie vermutlich auch nicht Ihr Leben lang etwas vermitteln, das sich jemand anderer ausgedacht hat – selbst wenn er ein noch so honoriger Mensch ist und Sie den Ansatz superklasse finden.

„Stressbewältigung für Feuerwehrleute" wäre schon besser. Oder für Rentner. Oder für Frauen in Scheidungsprozessen. Oder für Berufsmusiker. Oder für Menschen mit Alkoholproblemen. Oder für Menschen mit Zahnarztphobie. Oder für Langzeitarbeitslose. Oder für Häuslebauer (oh, die haben Stress, und wie!). Oder für Teamleiter in der Gastronomie. Oder für Bankberater. Also für eine bestimmte Zielgruppe, zu der Sie idealerweise schon vor Beginn Ihrer Selbständigkeit einen Draht haben.

Was könnten das für Zielgruppen sein?

....

....

....

....

(kleine Denk- und Notiz-Pause)

Die Wahl der Zielgruppe will gut überlegt sein: Mit diesen Menschen werden Sie später ständig zu tun haben. Deren Umfeld wird Sie in den nächsten Jahren prägen. Diese Menschen werden Ihre Vorstellung vom Leben und der Wirklichkeit beeinflussen. Und Sie müssen – am besten jetzt schon – entscheiden: Soll das die Welt der Bankberater sein oder die der Langzeitarbeitslosen? Letzteres kann bestimmt moralisch befriedigender sein, dafür wird es Sie aber nicht reich machen.

Sie müssen also Ihre Prioritäten klären. Was sind Ihre Motive? Wozu wollen Sie Ihr gesundheitspsychologisches Wissen einsetzen? Wollen Sie helfen? Heilen? Menschen Gutes tun? Die Welt besser machen? Sich entfalten? Reich werden? Einfluss gewinnen? Sich bekannt machen? Einen wichtigen Beitrag zur Humanisierung der Gesellschaft leisten? Die Gesellschaft oder einzelne stärken? Dabei helfen, Familie und Beruf ideal unter einen Hut zu bringen? Alle Motive haben ihre Berechtigung.

Aber entscheiden müssen Sie sich!

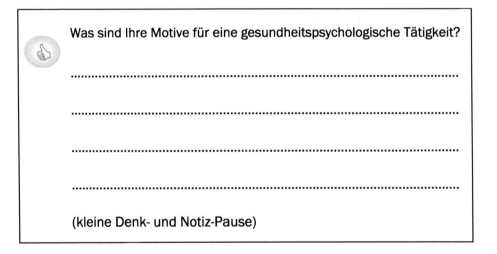

Was sind Ihre Motive für eine gesundheitspsychologische Tätigkeit?

....

....

....

....

(kleine Denk- und Notiz-Pause)

Denken Sie bitte nicht: „Ich fange mal irgendwie an, und der Rest ergibt sich dann schon von allein." Es ist viel befriedigender, wenn Sie Ihren Weg selbst bestimmen – und das können Sie jetzt am Anfang so stark wie später nie mehr wieder. Ein Experte für Gesundheitszirkel in metallverarbeitenden Unternehmen wird nur höchst selten zum Ressourcentrainer für Jugendliche mit Migrationshintergrund oder zum Personal Trainer für bewegungswillige Vorstandsvorsitzende, und umgekehrt.

Wenn Sie sich jetzt noch nicht für eine bestimmte Zielgruppe oder ein bestimmtes Thema entscheiden wollen oder können, dann probieren Sie am Anfang doch mal verschiedene Gruppen aus und entscheiden sich erst dann, idealerweise nach Ablauf eines vorher festgesetzten Zeitintervalls. Gestehen Sie sich für diese Testphase („was will ich wirklich?") auch zu, dass die Honorare noch nicht so üppig strömen. Aber ganz wichtig (auch für den Rest unseres Berufsstandes):

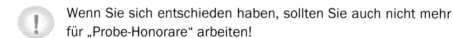 Wenn Sie sich entschieden haben, sollten Sie auch nicht mehr für „Probe-Honorare" arbeiten!

Meine ersten Stressbewältigungsseminare habe ich für die Volkshochschule gegeben – ermutigt durch eine liebe Kollegin. Für das Vorstellungsgespräch brauchte ich damals enorm viel Mut; die nette Frau von der VHS wird sich vielleicht noch an meine feuchten Hände erinnern. Ich war sooo aufgeregt …

Das war der Start.

Es war schlecht bezahlt (Sie kennen vielleicht die Konditionen der VHS). Aber es war unbezahlbar wegen der Erfahrungen, die ich dort sammeln konnte. Und vielleicht beruhigt Sie das: Ich hatte nie wieder so schwierige Seminarteilnehmer wie damals bei der Volkshochschule – also optimale Lernbedingungen …

Und welches Thema wollen Sie wählen? Ein paar Anregungen, wo Sie auf Suche gehen können nach Themen, folgen im nächsten Unterkapitel. Wichtig ist, dass Ihr Bauch „Ja" sagt zu dem Thema. Das wird ja Ihr täglich Brot. Wenn Ihnen das keinen Spaß macht, wird's schwierig mit dem Erfolg. Suchen Sie sich etwas aus, womit Sie sich immer schon gern beschäftigt haben. Und wenn es ein neues Thema sein soll, gewähren Sie sich auch diesbezüglich eine befristete (!) Schnupperzeit.

Ich selber war total unentschlossen in Sachen Themenfindung. Wie schon bei meiner Diplomarbeit und bei der Diss. Das einzige, das ich definitiv wusste: „Am liebsten was mit Gesundheitsförderung." Also habe ich mir helfen lassen. Das Land NRW bezuschusste damals Existenzgründungsberatungen. Die habe ich in Anspruch genommen, und zwar bei einer auf Marketing spezialisierten Betriebswirtin.

Sie ließ mich Zettel beschriften: rote – gelbe – grüne. Auf Rot stand, welche Themen ich mir zwar zutraute, aber nicht bedienen wollte; grün war das, was mich anzog, und gelb halt das, wo ich dachte: naja. Die roten und gelben sollte ich wegwerfen. Übrig blieb letztlich ein grüner Zettel, auf dem stand: gesund führen ...

Diese Technik ist ja simpel. Das hätte ich auch selber schon längst durchführen können. Aber es macht eben einen großen Unterschied, ob man am Schreibtisch vor sich hin puzzelt oder ein anderer Mensch, den man noch dazu teilweise selbst bezahlt hat, einen dazu auffordert. Mir hat's sehr geholfen.

Ihr Bauch ist eine wichtige Entscheidungsinstanz. Die andere, die Sie berücksichtigen sollten, ist der Markt. Es kann ja sein, dass Sie ein Thema sagenhaft spannend finden. Aber das nützt Ihnen nichts, wenn es keinen Markt dafür gibt. Von irgendetwas müssen Sie ja leben.

Worin könnte Ihre Nische bestehen? Welches Thema macht Sie an?

....

....

....

....

(kleine Denk- und Notiz-Pause)

Was sucht der Markt im Bereich Gesundheit?

Es gibt immer wieder Trends auf dem Gesundheitsmarkt. Natürlich sollen Sie nicht jedem Fähnchen hinter her laufen – vor allem dann nicht, wenn Sie Ihr Thema bereits gefunden haben. Aber es macht Sinn, wenigstens im Hintergrund immer informiert zu sein. Es ist unangenehm, wenn Kunden im Themenfeld Gesundheitspsychologie deutlich besser über Trends oder Personen informiert sind als Sie, so dass Sie auf ein „Wie, kennen Sie nicht?" verlegen grinsen müssen. Das muss ja nicht viel kosten.

Natürlich ist es schön, wenn Sie sich persönlich auf Kongressen informieren und dort nicht nur Trends aufspüren, sondern auch gleich viele wichtige Kontakte knüpfen (schöner Nebeneffekt). Aber manchmal sind die ganz schön teuer. Und nicht immer ist ein Besuch wirklich nötig. Die meisten Tagungen stellen ihre Programme ins Internet. Da können Sie erkennen, welche Referenten und welche Themen gerade „in" sind.

Zu Beginn meiner selbständigen Tätigkeit als Gesundheitspsychologin gab es mal eine Tagung einer großen Krankenkasse, an der ich unbedingt teilnehmen wollte. Da ich aber definitiv nicht genug Geld hatte, um die normale Teilnehmer-Gebühr zu entrichten – die Tagung richtete sich primär an Unternehmen –, musste ich etwas anderes versuchen.

Also schrieb ich an den Leiter einen Brief, in dem ich ihm einen Deal vorschlug: Ich würde gern Kaffee kochen, Mäntel aufhängen oder sonstige Tätigkeiten übernehmen – Hauptsache, ich dürfte an der Tagung teilnehmen.

Eigentlich habe ich nicht wirklich mit einer Antwort gerechnet. Aber die Welt ist manchmal besser, als man denkt: Der Leiter der Krankenkasse schrieb mir in einem total entzückenden Schreiben, Menschen zum Kaffeekochen hätten sie genug ... Aber sie bräuchten dringend jemanden, der einen wissenschaftlich fundierten Artikel zum Thema „Arbeitssucht" verfasste ... So durfte ich nicht nur zur Tagung, sondern hatte obendrein noch eine Publikationsmöglichkeit.

Tagungen oder Kongresse, die sich für den Bereich „Betriebliches Gesundheitsmanagement" anbieten, sind zum Beispiel (ohne Anspruch auf Vollständigkeit, es handelt sich um eine rein subjektive Auswahl):

- Health on top (www.skolamed.de)
- BGW-Forum (www.bgw-online.de)
- Veranstaltungen des Deutschen Netzwerks für Betriebliche Gesundheitsförderung (www.dnbgf.de, Tagung in Bonn)
- die BKK-Tagung „Wettbewerbsvorteil Gesundheit" (jährlich im Dezember in Köln)
- die Tagung „Zukunft der Arbeit" (www.dguv.de/iag)

Für Menschen, die sich mit dem Sektor Arbeitsschutz anfreunden können, sind auch die „Workshops der Psychologie der Gesundheit und Arbeitssicherheit" ein guter Tipp; die geben auch umfangreiche Kongressbände mit Artikeln heraus. Auch die Bundesanstalt für Arbeitsschutz und Arbeitsmedizin BAuA in Dortmund veranstaltet gute Tagungen zum Themenbereich Gesundheit (www.baua.de).

Auf Messen können Sie ebenfalls hilfreiche Informationen sammeln. Im Bereich Arbeitsschutz gibt es z.B. die entsprechende Halle auf der

- „A&A" (Arbeitsschutz & Arbeitsmedizin, Düsseldorf, zweijährlich im Herbst) oder die
- „arbeitsschutz aktuell". Auch auf der
- „Personal und Weiterbildung" in Wiesbaden und der
- „Zukunft Personal" (Köln) und ähnlichen Messen sieht man immer wieder auch Anbieter zum Bereich Gesundheitsmanagement. Der Eintritt auf Messen ist meist günstig.

Eine kostenlose Möglichkeit, sich über aktuelle Themen auf dem Laufenden zu halten: Abonnieren Sie Newsletter der Organisationen, die Sie interessieren. Ich habe zum Beispiel folgende Newsletter im Abo (die meisten aus dem Bereich Betriebliches Gesundheitsmanagement, sorry, da kenne ich mich halt am besten aus ...):

- www.praevention-online.de
- www.ergo-online.de
- www.inqa.de
- www.dnbgf.de
- www.arbeit-und-gesundheit.de
- www.arbeitsschutz-aktuell.de
- www.uk-bund.de
- www.mwonline.de
- www.bkk-bv-gesundheit.de
- www.report-psychologie.de
- www.wirtschaftspsychologie-bdp.de

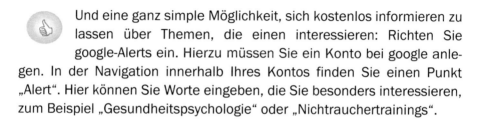 Und eine ganz simple Möglichkeit, sich kostenlos informieren zu lassen über Themen, die einen interessieren: Richten Sie google-Alerts ein. Hierzu müssen Sie ein Konto bei google anlegen. In der Navigation innerhalb Ihres Kontos finden Sie einen Punkt „Alert". Hier können Sie Worte eingeben, die Sie besonders interessieren, zum Beispiel „Gesundheitspsychologie" oder „Nichtrauchertrainings".

Nun stellen Sie noch ein, wie häufig Sie informiert werden möchten. Und sobald im Internet eine neue Meldung zu „Gesundheitspsychologie" oder „Nichtrauchertrainings" erscheint (oder google eine alte Meldung neu entdeckt), erhalten Sie eine eMail, in der diese Fundstellen samt Link gelistet sind. Ganz einfach.

Und welche Themen sind „in"?

Eine Zeit lang war Demographie der Renner schlechthin im Bereich der Personalentwicklung, insbesondere beim Thema Führung. Schuld daran war die finnische Langzeitstudie von Johani Ilmarinen, die zeigen konnte, dass Führungsverhalten der einzige hoch signifikante Faktor mit Einfluss auf die Erhaltung der Arbeitsfähigkeit Älterer darstellt.

Auch Diversity war so ein Trend. Ebenso Resilienz (heute noch). Oder Gender Mainstream (fragen Sie mich nicht nach der Bedeutung des

„mainstream" – bislang konnte mir das noch niemand erklären; der Begriff steht jedenfalls für die Berücksichtigung der Geschlechterperspektiven). Oder bestimmte Methoden wie EMDR zur Traumabehandlung – das wurde dann aber doch primär von Psychotherapeuten verwendet und seltener von Gesundheitspsychologen – oder WingWave.

Im Augenblick ist, was die Themen angeht, Work-Life-Balance (wieder) im Kommen, außerdem psychische Erkrankungen und ganz stark auch Burnout. Die Menschen erkennen immer mehr, dass der Job sie kaputt macht, wenn sie sich nicht gegen das permanente Anziehen der Schrauben am Arbeitsplatz zur Wehr setzen. Meine Vermutung ist: Selbstsicherheitstrainings zum Thema „Wie sage ich stopp, ohne meinen Job zu riskieren?" werden demnächst ebenfalls stark nachgefragt.

Um direkt mit einem typischen PsychologINNEN-Vorurteil aufzuräumen: Nein, Sie brauchen nicht noch eine weitere Fortbildung, um sich als Gesundheitspsychologin selbständig zu machen. Sie wissen genug, wenn Sie zum Beispiel die Trainerausbildung zu „Gelassen und sicher im Stress" durchlaufen haben. Sie müssen sich nur entscheiden und loslegen. Nix gegen Fortbildungen. Natürlich sind die ganz wichtig, und es spricht ja gerade für unseren Berufsstand, dass wir uns, verglichen mit vielen anderen Berufsgruppen, intensiv weiterbilden.

Sie wissen schon genug!

Diese These bezieht sich auf die zahlreichen Psychologinnen, die zum Beispiel schon die Kompaktfortbildung der Deutschen Psychologen Akademie absolviert haben; oder die einen Public Health-Abschluss aufweisen; oder die schon während ihres Studiums Kommilitonen an der Beratungsstelle der Uni betreut haben oder ähnliches – die also irgendeine Fortbildung mitbringen, die sie als Gesundheitspsychologinnen ausweist. Der Begriff ist ja nicht geschützt. Ich fasse ihn hier sehr weit als Bezeichnung für alle, die einen Psychologie-Abschluss haben und sich intensiv mit dem Thema Gesundheitspsychologie beschäftigen.

Nach meiner Beobachtung sind insbesondere weibliche Absolventen häufig der Meinung, sie könnten noch nichts. Dabei ist bei Anfängern ein Gefühl der Unsicherheit doch total normal (wäre auch schlimm, wenn die schon total von sich und ihren Leistungen überzeugt wären). Diese Unsicherheit lässt sich aber nicht mit weiteren Fortbildungen – nach der ersten – beseitigen, auch nicht mit einem Doktortitel, sondern nur durch einen ersten mutigen Schritt in die Praxis.

Wie stellen Sie sich auf?

Mit der Entscheidung für eine Zielgruppe entscheiden Sie sich zugleich gegen andere. Sie denken vielleicht: „Die Zielgruppe ist nicht so wichtig. Je mehr ich meine Zielgruppe eingrenze, desto weniger Interessenten für meine Angebote gibt es. Wenn ich hingegen schreibe, ‚Alle Menschen mit Stress dürfen teilnehmen', dann melden sich auch viel mehr Leute an." In der Praxis ist das Gegenteil der Fall:

 Je mehr Sie Ihre Zielgruppe eingrenzen, desto intensiver werden Sie nachgefragt. Menschen wollen Spezialprodukte.

Das war vor zwanzig Jahren vielleicht noch anders. Da waren Bauchladen-Anbieter die Regel, man liebte Generalisten. Heute sind Spezialisten gefragt. Und ich finde – aber das ist natürlich durch meine subjektive Brille betrachtet – das leuchtet auch ein: Der Spezialist hat ja mit seinem Thema viel mehr Erfahrungen sammeln können als der Generalist. Dieser tut sich aber vielleicht leichter mit dem Überblick übers große Ganze.

Beide Wege können zum Erfolg führen (definiert als „ausgebucht und genug Einkommen zum Leben): Der Anbieter, der alles im Programm hat von Gesundheitszirkel-Moderation über Apotheken-Zeitschriften-Artikel und Gesundheitscoaching im Einzelkontakt bis hin zur prozessbegleitenden Einführung eines Betrieblichen Gesundheitsmanagements – der kann genauso „erfolgreich" sein wie der Spezialist, der ausschließlich ein Thema einziges bedient.

*In meinem Fall ist es das Thema „Gesund führen".
Und jahrelang nichts anderes als das.*

(Naja, beinahe. Es gab schon auch noch einzelne Stress-Seminare für liebe alte Kunden. Aber das waren wirklich Aus-nahmen. Und offiziell, nach außen hin präsentierte ich mich in der Öffentlichkeit ausschließlich als die Frau mit dem Thema „Gesund führen".)

Der Unterschied: Der Spezialist macht es dem Kunden deutlich einfa-cher, ihn einzukaufen. Und er kann ein Mehrfaches an Honorar verlan-gen. Der Generalist muss für denselben Auftrag unendlich mehr an Über-zeugungsarbeit leisten und bekommt für seinen Einsatz wesentlich weni-ger Geld, er muss also bei gleichem Jahresergebnis mehr Tage arbeiten. Das ist mühsam und kostet Kraft, die man lieber in andere Dinge ste-cken würde, zum Beispiel in die eigentliche Abwicklung des Auftrags.

Für Sie stellt sich also schon zu Beginn Ihrer Tätigkeit als selb-ständiger Gesundheitspsychologe die Frage: Wie stellen Sie sich auf? Spitz (Spezialist) oder breit (Generalist)?

Diese Unterscheidung geht zurück auf eine bestimmte Marketing-Strategie, nämlich die sogenannte Engpasskonzentrierte Strategie EKS nach Wolfgang Mewes. Nach diesem Ansatz steht jedes Unternehmen, das Produkte oder Dienstleistungen verkaufen möchte, vor der Frage, wie es in den Markt eindringen möchte.

Mewes empfiehlt aus betriebswirtschaftlichen Gründen, sich „spitz" auf-zustellen, also als Spezialist. Die Produktpalette ist begrenzt, und wenn die Produktentwicklung einmal abgeschlossen ist, bleibt das Produkt im Wesentlichen unverändert (heißt für Sie, Sie müssen nicht bei jedem Auftrag neu überlegen: Hilfe, wie mache ich das?). Und Arbeiten von Spe-zialisten sind nun mal teurer.

Ein „Bauchladengeschäft" mit seiner breiten Produktpalette bietet aber durchaus auch Vorteile. Wir Gesundheitspsychologen verkaufen ja in den seltensten Fällen Produkte. Wir verkaufen Dienstleistungen. Das heißt, wir müssen in der Regel – Ausnahmen wie Online-Beratung mal ausgenommen – vor Ort sein.

Das bedeutet: Reisen, reisen, reisen.

Und diese Notwendigkeit zu reisen ist beim Spezialisten, der ja im Extremfall nur ein einziges Produkt im Angebot hat, natürlich deutlich stärker als beim Generalisten. Er reist zum Beispiel mit seinem Seminarkonzept zur „Fehlzeiten-Reduzierung im CallCenter-Bereich" vom Norden bis zum Süden der Republik. Nicht jeder kann gut im Zug arbeiten – dann ist das Reisen gleichbedeutend mit verschenkter Zeit.

Der Bauchladen-Anbieter dagegen kann sämtliche Produkte seiner Palette den gleichen Klienten zur Verfügung stellen: Heute Autogenes Training, morgen Ernährungscoaching, übermorgen dann ein Nichtraucher-Programm und so weiter. Er braucht nicht viel zu reisen, seine Kunden sind vor Ort. Er verdient nicht annähernd so viel wie der Spezialist, aber dafür hat er auch nur wenig „tote Zeit" in Verkehrsmitteln verbracht.

 Insbesondere für Eltern (oder ich sag's mal klassisch: Mütter) ist die Generalisten-Variante die attraktivere, denn mit ihr bekommen sie wesentlich leichter Kinder und Beruf unter einen Hut. Für sie ist auch häufig der Einstieg in Teilzeitform wichtig.

Diese Entscheidung werden Sie ebenfalls treffen müssen: Vollzeit, also alles auf die eine Karte „Gesundheitspsychologie", oder doch lieber vorsichtig in Teilzeit starten? Und direkt nach dem Studium loslegen? Das wird bei den wenigsten der Fall sein, denn auch das Thema „Gesundheitspsychologie" will ja erstmal gefunden sein. Und ein bisschen was an Fortbildung in dem Bereich braucht der Mensch ja schon.

Ich selbst habe auch mit einer Teilzeittätigkeit begonnen. 1998, als ich das oben erwähnte VHS-Seminar zur Stressbewältigung gegeben habe (das war noch vor der Existenzgründungsberatung – ich bin anfangs mit einem Bauchladen gestartet – aber Sie müssen ja nicht alle Fehler nachmachen), war ich „hauptberuflich" neben der Dissertation als Psychotherapeutin in einer Gemeinschaftspraxis tätig.

Wenige Wochen nach dem VHS-Seminar kam ich von einer Therapiestunde und hatte folgenden Spruch auf meinem Anrufbeantworter:

„Guten Tag, mein Name ist DS, ich bin Sozialberaterin bei der ... (Riesenkonzern, damals noch 250.000 MA). Ich suche jemanden, der an unserem Gesundheitstag Vorträge zum Thema Stress hält. Und die VHS hat mir Ihre Telefonnummer gegeben. Geben Sie doch bitte ein Angebot ab!"

Sie werden mir glauben: Ich bin durch die Wohnung gehüpft, kreischend vor Freude, und seitdem ein Fan der VHS!

Nach den Stress-Vorträgen auf dem Gesundheitstag kaufte das Unternehmen im – für mich damals – großen Stil bei mir das Seminar „Gelassen und sicher im Stress" ein (natürlich nicht mehr zu VHS-Preisen). Und später eben Veranstaltungen zum Thema „Gesund führen". Alles nur wegen der VHS!

Wenn Sie sich „spitz" aufstellen wollen, sind Nischenfindung und Markenbildung natürlich wichtiger, als wenn Sie einen „Bauchladen" aufmachen möchten, in dem Sie eine riesige Produktpalette anbieten. Aber auch bei einem breiten Angebot – wenn also eigentlich keine Nische vorliegt – sollten Sie sich um eine Markenbildung bemühen.

Wer dauerhaft Erfolg haben will, kommt an der Markenbildung nicht vorbei. Menschen wollen wissen, wofür Sie stehen.

Markenbildung ist nicht nur schön für Ihr Ego, sondern sie erleichtert auch das Verkaufen und sichert den langfristigen Erfolg Ihrer Selbständigkeit. Und Sie müssen den Wert Ihrer Leistungen deutlich weniger rechtfertigen. Wie Sie das mit der Markenbildung anstellen, steht im nächsten Kapitel.

Für mich war übrigens keineswegs von Anfang an klar, dass mein Weg mich ins Betriebliche Gesundheitsmanagement führen würde. Angefangen habe ich ja mit dem Stress-Seminar für die VHS. Es folgten Kurse zu gesundheitspsychologischen Themen wie Schlafstörungsbewältigung und gesunder Konfliktbewältigung für den Verein „Psychologie und Gesundheit e.V." (ein von psychologischen Psychotherapeuten gegründeter Verein).

Wir Psychologinnen setzten für uns einigermaßen angemessene Honorare an, druckten Flyer, verpackten sie von Hand in Briefumschläge und brachten diese per Fahrrad zu den Adressen, die wir für vielversprechend hielten – einige wenige Kurse fanden statt, bevor das Programm im dritten oder vierten Halbjahr wieder eingestampft wurde. Nicht weil die Qualität der Kurse schlecht war, sondern weil zu wenig Privatmenschen bereit waren, für Gesundheitskurse richtig Geld auszugeben.

Nach dieser enttäuschenden Erkenntnis war für mich klar: Mein Weg würde über die betriebliche Gesundheitsförderung gehen – denn Betriebe hatten Geld für meine Leistungen, und würden von deren Nutzen überzeugt sein, da war ich mir ganz sicher.

Meine Nische wurde dann „gesund führen", weil es in einem Leitfaden der Krankenkassen-Spitzenverbände (2000) hieß, dass Maßnahmen zur „gesundheitsgerechten Mitarbeiterführung" von Krankenkassen laut SGB V gefördert werden dürften. Diese Aussage kam mir vielversprechend vor. Zudem war das Thema war damals noch kaum im Gespräch – es gab noch keine Bücher und so gut wie keine Angebote (abgesehen von Betriebskrankenkassen) oder Studien zu dem Thema. Die Nische auf dem freien Markt war noch frei! Für mich...

Wie wollen Sie sich warum aufstellen? Spitz? Breit? Teilzeit?

....

....

....

....

(kleine Denk- und Notiz-Pause)

Und wenn Sie gar kein Thema finden, das Sie als Gesundheitspsychologe ernähren könnte, Sie aber aus welchem Grund auch immer unbedingt selbständig sein wollen oder müssen?! Dann starten Sie doch mit einer Karriere im Arbeitsschutz. Mag sein, dass Sie das Thema öde finden. Es klingt ein bisschen unsexy, und im Studium wurde uns – je nach Uni – vielleicht nicht gerade der Zugang zu diesem Thema erleichtert.

Aber Berufsgenossenschaften und Unfallkassen sind der größte Bildungsträger Deutschlands, jährlich werden rund 400.000 Menschen im Arbeits- und Gesundheitsschutz geschult!

Mit anderen Worten: Das ist ein krisensicheres Geschäft. Diese Institutionen werden nach Stand der Dinge ewig Sicherheitsbeauftragte ausbilden – auch in „Psychologie der Arbeitssicherheit" – oder Führungskräfte fortbilden („Erfolgreiche Gesprächsführung in der Arbeitssicherheit"). Sie werden auch so lange weiter Forschung betreiben, so lange es Unfälle gibt. Also ewig. Es irrt der Mensch, solang er lebt. Und seit neustem kümmern sie sich auch um „arbeitsbedingte Erkrankungen" und um psychische Belastungen – salopp formuliert: um Stress.

Allerdings nicht mit Lazarus' Stress-Modell im Hintergrund, sondern die Basis ist hier das arbeitswissenschaftliche Belastungs-Beanspruchungs-konzept. Das ist für Gesundheitspsychologen ein bisschen ungewöhnlich, aber da können Sie sich reindenken, sooo schwer ist das nicht. Ein bisschen schwieriger ist es evtl. für freie Geister, sich mit der hierarchisch-bürokratischen Mentalität in den Berufsgenossenschaften zurechtzufinden. Aber die sind auch alle im Wandel und längst nicht alle gleich.

 Parallel zu meinen ersten Gehversuchen in der privaten und betrieblichen Gesundheitsförderung habe ich auch viele Jahre als freiberufliche Mitarbeiterin einer auf Arbeitsschutz (Unfallkassen, Berufsgenossenschaften) spezialisierten Beratungsgesellschaft gearbeitet. Was man dort mit Sicherheit lernt: Gesundheitsschutz auch den gelangweiltesten Zielgruppen spannend zu verkaufen.

Am einfachsten gelingt der Weg in diesen Sektor, indem Sie sich Unternehmensberatungen auf dem Gebiet der Arbeitssicherheit anschließen. Oder Sie wenden sich direkt mit Ihrem Seminarkonzept an die Abteilung „Prävention" von Unfallkassen und Berufsgenossenschaften. Ihr Seminar sollte sich folgendermaßen aufteilen lassen: ein halber Tag, dann ein ganzer Tag und schließlich noch mal ein halber Tag. Fast alle BGen und Unfallkassen folgen diesem Muster (eine halbe Woche). Natürlich sollten Sie vorher im jeweiligen Veranstaltungskatalog geschaut haben, ob es etwas ähnliches wie Ihr Angebot dort nicht schon gibt ...

KURZ UND KNACKIG:
- Sie brauchen keine weitere Fortbildung. Sie wissen genug.
- Das Thema muss zu Ihnen passen. Fragen Sie Bauch + Markt.
- Die höchsten Honorare erzielen Sie durch Spezialistentum.
- Der Sektor „Psychologie der Arbeitssicherheit" bietet Jobs.

1   Die Nische finden

Warum?

- Sie fangen nicht jedes Mal bei Null an.
- Eine streng eingegrenzte Zielgruppe lässt sich viel leichter bedienen
- und zahlt viel höhere Honorare als die Allgemeinheit.

Klären:

➢ Welche Zielgruppe?
  - Wo gibt's schon Kontakte/Affinität?
  - Mit wem macht Ihnen die Arbeit Spaß?

➢ Motive zur gesundheitspsychologischen Tätigkeit?

➢ Teilzeit oder Vollzeit?
  - 2. Standbein / schleichender Beginn?

➢ Ist wirklich (!) noch eine Fortbildung nötig?
    vermutlich nicht!

➢ Was sucht der Markt, das Sie ihm geben können?
  - Tagungen/Kongresse (bzw. deren Programme)
  - Messebesuche/Kontakte
  - Newsletter-Abos
  - google-Alerts

➢ spitz oder breit? Spezialist oder Generalist?
  - Reisetätigkeit möglich?
  - Spezialisten / Experten machen das Geld!

>>>   WAS IST IHR THEMA?

2   Wie Sie aus sich eine Marke machen

„Ich biete Gesundheit – da brauch' ich keinen schwarzen Anzug!"

Wie besetzen Sie Ihr Thema?

Sie haben „Ihr Thema" gefunden, und Sie wissen, wie Sie sich aufstellen wollen? Gratuliere! Dann haben Sie schon ein Riesenstück Arbeit hinter sich gebracht, und die nächsten Schritte werden Ihnen leichter fallen. Im nächsten Schritt geht es darum, dass Sie Ihr Thema besetzen. Aber zuvor müssen Sie noch einige Rahmenbedingungen klären. Mit der Antwort auf die Frage, wie Sie sich aufstellen möchten, entscheiden Sie zugleich über viele weitere wichtige Aspekte der Selbständigkeit:

- Brauchen Sie einen Raum?
- Schließen Sie sich anderen in Gemeinschaftsräumen an?
- Für welche Rechtsform entscheiden Sie sich?
- Benötigen Sie Mitarbeiter? Wofür?
- Brauchen Sie einen Kredit? In welcher Höhe?
- Wer erledigt Ihre Buchführung?

Falls Sie für diese Aspekte Unterstützung benötigen, so finden Sie diese in einschlägigen Broschüren, z.B. von Banken, Krankenkassen, der Industrie- und Handelskammer, Frauenförderungsorganisationen und so weiter. Die meisten Institutionen haben natürlich eigene Interessen im Hinterkopf, aber ihre Materialien sind trotzdem in der Regel gut gemacht. Die alle wollen ja, dass Sie mit Ihrer Existenzgründung Erfolg haben.

Was Sie sicher selber wissen: Es macht Sinn, wenn Sie Ihr Lieblingsthema mit Menschen um Sie herum durchsprechen. Und das sollten nicht nur Leute sein, die Ihnen gut zureden, weil sie Ihnen wohl gesonnen sind. Freunde, Bekannte und Ihre Familie werden Ihnen selbstverständlich zureden, Ihnen unendlich viele Kunden und ebensolche Umsätze voraussagen. Wertvoller ist es hingegen – auch wenn's weh tut –, wenn Sie sich auch Feedback von Menschen holen, die an Ihrem Vorhaben rütteln. Denn jedes kritische Hinterfragen wird Sie festigen.

Ein sehr drastisches Erlebnis dieser Art – kein Fettnäpfchen, sondern eine echte Lehrgeschichte – findet sich auch in der Geschichte meiner Selbständigkeit.

Ermuntert durch den sympathischen Auftritt einer Dame von „Frau und Beruf e.V." auf einer Existenzgründerinnen-Veranstaltung suchte ich diese zu einem Beratungstermin auf. Die eigentlich sehr sanftmütige Frau ließ mich mein Konzept vorstellen und sagte dann in stark unterkühltem Ton:

„Gesundheitsgerechte Mitarbeiterführung – was soll das sein?!"

So barsch, unfreundlich und provozierend, dass ich nur noch rumstottern konnte ... Ich fühlte mich hilflos und merkte, wie mir die Tränen in die Augen stiegen. Die Frau meinte dann, es sei nicht ihr Job, mich aufzubauen. Mut machen würden mir schon meine Freunde. Ihr Job sei es abzuklopfen, ob ich mein Thema auch vor anderen verteidigen könnte. Denn das wäre schließlich für die nächsten Jahre mein täglich Brot. Meine Erklärungen müssten hieb- und stichfest sein.

Ich weiß nicht mehr, ob ich mich überhaupt noch bedanken konnte. Jedenfalls bin ich heulend raus aus dem Gespräch, ab nach Hause, dort unter die Decke. Und als ich nach 2 Tagen wieder rauskletterte, hätte ich mein Thema „Gesund führen" gegen Gott und die Welt verteidigen können ...

Wenn Sie also Ihr Thema gefunden haben, ist es jetzt an der Zeit, es zu besetzen, quasi wie einen Claim. Und zwar noch bevor Sie damit hinausgehen auf den Markt. Die Welt muss erfahren: Das hier ist Ihr Gebiet. Hier sind Sie Experte. Zu diesem Zweck müssen Sie Ihr Thema kurz zusammenfassen können, am besten in 140 Zeichen ... oder in 2 Sätzen, während einer Fahrstuhlfahrt: „Und was machen Sie beruflich?"

Was ist Ihr Job? Wie beschreiben Sie Ihr Thema in 140 Zeichen?

....

....

....

....

(kleine Denk- und Notiz-Pause)

140 Zeichen, das ist die Länge eines Twitter-Beitrags. Aber unabhängig davon, ob Sie für diese Form der Kommunikation etwas übrig haben (ich persönlich hab den Zweck noch nicht ganz begriffen), macht es Sinn, sich kurz zu fassen. Ausgehend von Ihrer Mini-Beschreibung sollten Sie nun kurze Produktbeschreibungen verfassen, in erster Linie für sich selber. Später können Sie aber diese Texte auch zur Grundlage für Ihre Website oder für Flyer nehmen. Daher lautet auch hier die wichtigste Empfehlung: kurz und knackig müssen sie sein.

Sinnvoll ist, diese Texte in einer Kladde zu sammeln und immer mal wieder zu überfliegen. So können Sie später schnell herausfinden, ob Sie noch auf Kurs sind. Denn gerade am Anfang verzettelt man sich gern und nimmt alle möglichen Aufträge an („Können Sie auch Telefontraining? Machen Sie auch Vertriebsseminare?") aus lauter Freude, dass Kunden einen einkaufen wollen. Und auch bei den weiteren Schritten ist es sinnvoll, immer mal wieder auf Ihre ursprünglichen Pläne zu schauen.

Produktbeschreibungen, die Sie schon zu Beginn Ihrer Selbständigkeit anlegen sollten, helfen Ihnen bei der Orientierung, bei der Abgrenzung gegen Mitbewerber, beim Erstellen der Website, beim Entwerfen von Verkaufsmaterialien und bei der Besetzung Ihres Themas. Sie sollten mindestens folgende Punkte umfassen:

- Was biete ich an?
- Wem biete ich es an?
- Was hat derjenige davon?
- Worin besteht sein Zusatznutzen = das besondere Extra?
- Was qualifiziert mich dazu, dieses Produkt anzubieten?
- Was kostet das? (diesen Punkt können Sie später füllen)

Ein Thema besetzen – das umfasst natürlich mehr als nur eine Zusammenstellung Ihrer Produkte bzw. Dienstleistungsangebote. Sie müssen Wege finden, die Welt über Sie und eben jene Themenbesetzung zu informieren. Mehr zum Thema Öffentlichkeitsarbeit lesen Sie ja weiter unten noch. Aber eines sei hier schon gesagt: Ein ganz wichtiger Baustein dazu ist, und das wird Sie vielleicht freuen, das eigene Buch.

Ich dachte, ich spinne, als die oben schon erwähnte Existenzgründungsberaterin, die sich ja auf Marketing als einen Zweig der Betriebswirtschaftslehre spezialisiert hatte, zu mir meinte:

„Schreiben Sie ein Buch!"

Das kam mir total absurd vor: Ich sah mich damals als kleine Kindertherapeutin aus Aachen-Rothe Erde, die nebenher Stress-Seminare gab und sich ein bisschen was mit Veranstaltungen zu Arbeits- und Gesundheitsschutz dazu verdiente – und ich sollte ein Buch schreiben? So quasi als „no name"?

Sie erklärte mir, dass es keinen besseren Weg gäbe, um ein Thema zu besetzen. Und das wollte ich doch: Dass die Leute bei „Gesund führen" an mich dachten und meine Seminare einkauften (die es zu dem Zeitpunkt übrigens noch gar nicht gab: Erst nach diesem Beratungsgespräch erhielt ich in dem oben erwähnten Konzern, für den ich die Stress-Veranstaltungen machen durfte, auch die Chance, meine ersten Gesund-Führen-Seminare durchzuführen. Es war also zu dem Zeitpunkt noch pure Theorie!

Aber sie sollte so Recht behalten: Ich schrieb den ersten deutschsprachigen Leitfaden zur gesundheitsgerechten Mitarbeiterführung (wie, dazu später mehr), und fortan war ich „die Gesund-Führen-Frau".

Fürs erste ist es schon ein – leichterer und schneller zu erledigender – Schritt, wenn Sie die zu Ihrem Thema gehörenden Domains kaufen. Ich habe zum Beispiel „gesund führen" in allen 4 möglichen Schreibweisen gekauft, damit mir das Thema im Internet auch ja niemand streitig macht. Beim Domainkauf (kostet ca. 1 Euro pro Monat) hört die Themenbesetzung noch lang nicht auf, aber sie ist wieder ein Baustein.

Wenn Sie sagen: „Ja, aber mein Thema ist ja gar nicht so speziell", dann kaufen Sie eben beispielsweise www.stressbewaeltigung-mannheim.de, www.lehrerstress-bewaeltigen.de oder www.gesundheitszirkel-im-callcenter.de oder so ähnlich. Und dieser Slogan sollte dann auch auf allen Ihren Materialien zu finden sein – in Kombination mit Ihrem Logo (s.u.).

Wie gestalten Sie Ihren Marktauftritt?

Ihr Logo, Ihr Slogan, Ihr Aussehen bei Akquiseveranstaltungen oder im Erstgespräch, Ihre Geschäftsausstattung, ja bei Reisetätigkeit sogar Ihr Auto – all das gehört zu Ihrem Marktauftritt. Und wenn es stimmig ist, trägt es bei zur Markenbildung. Eine Marke, das ist etwas Unverwechselbares, bei dem nicht nur Inhalte, sondern auch eine bestimmte, immer gleiche emotionale Qualität transportiert wird, so dass die Leute alles aus Ihrem Hause sofort wiedererkennen. Sie sollten unbedingt anstreben, sich bzw. Ihre Dienstleistungen zu einer Marke auszubilden.

Um Dinge / Bilder / Slogans mit Wiedererkennungswert zu entwerfen, müssen Sie zunächst bestimmen: Was macht Sie aus? Was ist das Besondere an Ihnen und Ihren Leistungen, das sonst keiner hat? Weshalb sollen die Leute gerade zu Ihnen kommen? Mit welchen Adjektiven würden Sie sich beschreiben? Welche Farben, Stimmungen, Einstellungen transportieren am besten das, was Sie ausmacht? Was ist der besondere Nutzen dessen, was Sie im Angebot haben? Was könnten Ihre Kunden einander über Sie erzählen?

Was ist das Besondere an Ihnen und Ihrem Angebot?

....

....

....

....

(kleine Denk- und Notiz-Pause)

Das, was Sie ausmacht, ist weit mehr als Ihre Qualifikation. Aber die ist natürlich auch ein Baustein. In den Veranstaltungen „Selbständig als Gesundheitspsychologin" werde ich oft gefragt: Braucht man einen Doktorhut? Ich finde: nein. Aber er erleichtert vieles. Und für manche Aufträge würde ich ohne den gar nicht eingekauft. Beispielsweise Chefarzt-Seminare. Oder Veranstaltungen in Firmen, wo sich unter den leitenden Führungskräften viele Professoren tummeln. Da haben die Einkäufer bisweilen den Eindruck, ein promovierter Trainer würde von den Teilnehmenden der Veranstaltung leichter akzeptiert.

Ich habe sage und schreibe 5 Jahre an meiner Dissertation gebastelt – diese Form der Zeitverschwendung können Sie sich schenken. Wenn Sie weiterhin wissenschaftlich arbeiten möchten bzw. wenn wissenschaftlich arbeitende Organisationen zu Ihren zukünftigen Kunden gehören, sieht das natürlich anders aus.

Aber wenn es Ihnen einfach nur darum geht, den Titel als Eintrittskarte in bestimmte Zielgruppen zu verwenden, dann geht so ein Promotionsverfahren ganz sicher auch schneller.

Ich habe das nie bereut, den Titel zu haben – es ist schon fein fürs Ego, und eben auch für einige Zielgruppen unverzichtbar. Aber wenn ich in diesen 5 Jahren schon vollzeitmäßig im Betrieblichen Gesundheitsmanagement gearbeitet hätte, hätte ich mich ganz sicher ebenfalls weiter entwickelt.

Identitätsstiftend für Ihre berufliche Selbständigkeit ist ganz sicher neben Ihrem Slogan Ihr Logo und die Geschäftsausstattung sowie Ihre Website. Es macht Sinn, sich bei der Entwicklung beraten zu lassen. Und natürlich können Sie diese Aufgaben auch in die Hände einer guten Agentur geben.

Aber das erspart Ihnen trotzdem nicht, sich eigene Gedanken zu machen: Wie wollen Sie gesehen werden? Je präziser Ihre Selbst- und Produktbeschreibungen sind, desto genauer wird die Agentur Entwürfe entwickeln, die auch wirklich Ihren Vorstellungen entsprechen.
Ihr gesamtes (nicht nur schriftliches) Erscheinungsbild sollte ja aus einem Guss sein. Das reicht manchmal erschreckend weit, wie das folgende – sicherlich extreme – Beispiel zeigt.

Ich bin einmal von einer Kundin angesprochen worden, als ich mit meinem alten Golf II auf den Firmenparkplatz fuhr: „Na, angesichts dessen, was Sie bei uns so verdienen, könnten Sie sich wirklich langsam mal ein anderes Auto leisten."

Kunden machen sich eben Gedanken. Und so lange sie einen noch nicht persönlich kennen, machen sie sich ein Bild aufgrund dessen, was sie von einem sehen – dazu gehört eben auch das Auto. Und in dem Fall war es wohl so: Die Kundin wollte nicht, dass ihre leitenden Führungskräfte geschult wurden von einer Frau, die in einer alten Klapperkiste auf den Hof gefahren kam. Das passte nicht zusammen. Wenn mein Thema „Bescheiden leben" gewesen wäre, hätte sie vermutlich anders reagiert.

Zum Auftreten gehört bisweilen auch der schwarze Anzug (bei Großveranstaltungen, bei Gesprächen mit Geschäftsführern von Wirtschaftsunternehmen, bei Keynote-Vorträgen). Das ist ja nicht unbedingt die Alltagskluft von Gesundheitspsychologen, aber meiner Erfahrung nach sollte man sich ab und zu auch zu Übungszwecken in solche Gefilde wagen, damit man sich bei derartigen Anlässen im Ernstfall einigermaßen wohl fühlt in seiner Haut.

Mein erstes Logo samt Geschäftsausstattung habe ich ebenso wie meine erste Website von Grafik-Design-Agenturen entwerfen lassen. Die haben auch wirklich einen Super-Job gemacht.

Das aktuelle Logo hingegen plus drumherum (Website etc.) habe ich selber entworfen, angeregt durch meine Literaturagenten – dazu später mehr. Die hatten gemeint: „Zieh den schwarzen Anzug aus, zeig' mehr Persönlichkeit!"

Ein neues Logo musste her (Logoänderungen können fatal sein, wenn Kunden einen dann nicht mehr wiedererkennen – daher bloß vorsichtig sein mit so was!). Und ein anderes Outfit.

Den schwarzen Anzug trage ich noch immer ab und zu, je nach Anlass. Aber für meinen neuen Webauftritt und das Logo höre ich sehr oft von Kunden: „Das passt viel besser zu Ihnen als das alte!" Vielleicht ist es eine Frage der Reife (mein Geschäft ist ja nun schon älter), aber für mich war das eine Bestätigung für meine Strategie: Selbermachen! Zu meiner Marke passt das gut, auch das Kindliche im Image.

Allerdings hätte ich das zu Beginn meiner Selbständigkeit noch nicht gewagt aus Angst, nicht Ernst genommen zu werden.

Natürlich gibt es auch etliche Anlässe, wo ein Anzug oder Kostüm overdressed wäre. Und es gibt das – in meinen Augen sympathische – Bestreben, die Menschen in der Arbeitswelt von solchen Korsetten zu befreien und zu signalisieren: Kompetenz ist unabhängig vom Outfit. Aber um das glaubwürdig zu verkörpern, muss man wohl mal durch eine Schwarz-Anzug-Zeit gegangen sein.

Genau so verhält es sich auch mit dem Logo. Je länger die Selbständigkeit andauert, desto besser kann man sich und das, was man transportiert, einschätzen, glaube ich. Vielleicht ist das auch eine Frage des Alters. Jedenfalls bin ich sicher: Wenn ich den Grafik-Design-Agenturen, die ich zu Beginn meiner Tätigkeit beauftragt habe, schon so exakt wie heute hätte sagen können „So bin ich und nicht anders", wäre meine Markenbildung viel viel schneller voran geschritten. Es hätte besser gepasst.

Aber damals dachte ich nur: „Es soll professionell aussehen!" Eben damit die Leute sofort den Profi erkennen. Daher war meine Vorgabe: „Machen Sie mal was mit Dunkelrot und Stahlblau." Heute weiß ich: Das war Blödsinn. Die Farben vermitteln nicht, was ich transportieren will: Wärme, Herzlichkeit, und den Charme des „das ist einfach – das können Sie auch". Diese Botschaften werden viel deutlicher vermittelt durch mein aktuelles Logo (siehe Buchrückseite): ein Bild wie von Kinderhand gemalt, das Optimismus, Geborgenheit und heile Welt ausstrahlt.

Meine Empfehlung an Sie: Seien Sie ruhig schon zu Beginn Ihrer Selbständigkeit mutig und positionieren Sie sich unverwechselbar – nicht nur in den Inhalten, sondern eben auch im Erscheinungsbild, angefangen bei der jetzt schon viel zitierten Geschäftsausstattung bis hin zu allen Materialien, die Sie herausgeben:

- Visitenkarten
- Briefpapier
- Faxvorlagen (kommt aber langsam aus der Mode)
- Website
- Teilnehmer-Materialien
- Bücher und und und

Was soll Ihr Erscheinungsbild dem Gegenüber vermitteln?

....

....

....

....

(kleine Denk- und Notiz-Pause)

Abgesehen davon, dass es für Ihre Kunden wichtig ist, Sie rasch einordnen und Ihre Materialien sofort wieder erkennen zu können (mein Kinderbild – Mensch auf Erde mit Sonne, Baum und Haus – erkennt man sofort unter tausenden, das werden Sie mir sicher glauben): Es ist auch für Ihr Ego schön und für Ihr berufliches Selbstverständnis wertvoll, sich mit diesen Dingen auseinander zu setzen. Sie zeigen sich und den Kunden mit Ihrem Erscheinungsbild: „So bin ich!"

> Um es noch einmal ganz klar zu sagen: Ein Logo muss nicht in erster Linie schön sein. Es muss in erster Linie unverwechselbar sein und genau das vermitteln, was Sie ausmacht. Ihre Botschaft, sozusagen. Wenn Ihre Botschaft ist: „Habt Mut zum Anderssein, denn das ist gesünder als sich anzupassen", dann passt vielleicht pink oder neongrün in Kombination mit einem ungewöhnlichen, ausgefransten oder zackigem Schriftbild.

Wollen Sie vermitteln, dass Kinder nur im Live-Kontakt mit der Natur ihre Ressourcen anzapfen und stark werden können, dann würden Sie grüne Töne wählen, die in der Natur vorkommen, und vielleicht eine kindliche Handschrift. Und bei Gesundheitsförderungsangeboten für Senioren eher ein ausgeglicheneres Schriftbild und sanftere Farben etc.

Lassen Sie Ihr Logo bzw. Ihren Namen schützen, indem Sie sie beim Deutschen Marken- und Patentamt anmelden (z.B. do care!®). Das kostet ein paar hundert Euro, aber dafür haben Sie später leichter, falls jemand auf die Idee kommen sollte (das muss ja keine böse Absicht sein), denselben Namen für denselben Geschäftsbereich zu verwenden.

Wie erfährt die Welt von Ihnen?

Mindestens Ihre Kunden müssen von Ihnen erfahren. Und je nach dem, wie Sie sich aufstellen, sind das nicht nur Privatmenschen in Ihrer Stadt, sondern vielleicht alle Arbeitskreise Gesundheit in deutschen Unternehmen oder alle Pflegedienstleitungen Niedersachsens oder alle Personalräte im Öffentlichen Dienst – da reicht dann eine Erwähnung in der Regionalzeitung nicht mehr aus, bei potenziellen Kunden bekannt zu werden. Sie müssen sich Ihrer Zielgruppe aktiv bekannt machen.

Dazu haben Sie verschiedene Möglichkeiten. Je nach Ihrem Budget können Sie viel oder wenig Werbung machen. Oder aber Sie machen Öffentlichkeitsarbeit. Und da ich davon ausgehe, dass es budgetmäßig bei Ihnen so aussieht wie bei den allermeisten Existenzgründern, lautet meine eindeutige Empfehlung an Sie:

 Machen Sie PR statt Werbung! Und verwenden Sie darauf bis zu ein Drittel Ihrer gesamten Arbeitszeit (am Anfang sogar am besten die Hälfte). Das erscheint Ihnen sicher sagenhaft viel. Aber es lohnt sich. Im Unterschied zu Werbung ist Öffentlichkeitsarbeit kostenlos. Sie investieren „nur" Zeit. Aber Sie bleiben normalerweise Ihrem Kunden viel besser im Gedächtnis, denn Sie kommen nicht werblich daher, sondern rein informativ (zumindest sieht es so aus).

PR, Presse- und Öffentlichkeitsarbeit – was ist das überhaupt? Man versteht darunter das Schreiben von Pressemitteilungen, Fachartikeln und ähnlichem (im Prinzip auch Webblogs), die darauf abzielen, den Bekanntheitsgrad Ihres Angebots zu erhöhen. Wenn es Ihnen zum Beispiel gelingt, einen Bericht über Ihre Form des Ernährungstrainings in einer Lifestyle-Zeitschrift unterzubringen, dann bringt Ihnen das höchst wahrscheinlich viele Anfragen von Kunden ein.

Voraussetzung dafür ist, dass Ihr Beitrag wirklich redaktionell wirkt, also auf werbliche Aussagen à la „Und ich mache Sie schlank für immer in 24 Stunden" verzichtet. Stattdessen würden Sie in sachlichem Ton beschreiben, wie das Konzept der Gesundheitspsychologin XY aufgebaut ist, würden einzelne Teilnehmerstimmen einflechten und einen kurzen Hinweis geben, wo man sich näher informieren kann. Das war's.

Mehrere solcher Beiträge (natürlich auch Fachartikel, zum Beispiel zum Thema Stress bei Altenpflegern, oder was auch immer Ihr Thema ist) in relevanten Publikationen – und schon haben Sie einen Ruf als Expertin für Ihr Thema. Zudem bekommen Sie je nach Zeitschrift auch Honorare (zwischen 0 und 500 Euro, wobei es Ihnen ja primär um den Bekanntheitsgrad geht – das Honorar ist aber natürlich eine nette Dreingabe).

Und wenn niemand Ihre Artikel will, dann stellen Sie sie eben auf Ihre Website. Wenn Sie Ihren Text zugleich noch mit einem speziellen Link der Verwertungsgemeinschaft Wort (www.vgwort.de bzw. tom.vgwort.de) versehen, erhalten Sie ab 1.500 Abrufen pro Jahr – die VG Wort kann das messen – sogar doch noch ein kleines Honorar (ca. 15 bis 30 Euro).

Über Kontakte zu einer Unfallkasse durfte ich einen Artikel für eine Fach-Zeitschrift zum Thema „Stress / Psychische Belastungen" schreiben. Der Artikel kam gut an (abgesehen davon, dass ich auch ein sehr nettes Honorar erhielt).

Der Verlag, der diese Zeitschrift herausbrachte, veröffentlichte später auch mein erstes Buch. Der Artikel war also zugleich eine Art Wegbereiter für weitere Schritte meiner PR-Arbeit.

Öffentlichkeitsarbeit bringt also im Idealfall noch Geld, statt dass sie – wie Werbung – Geld kostet. Und es gibt noch einen positiven Nebeneffekt: Sie schärfen Ihr Profil und zwingen sich selber, Ihre Botschaft wieder und wieder in Worte zu fassen. Pressearbeit lebt von Regelmäßigkeit, weshalb Sie sich dafür feste Termine in den Kalender eintragen sollten: Wann schreiben Sie für welches Magazin oder Online-Portal einen Artikel? Wann schreiben Sie eine Pressemitteilung, und an welchen Verteiler geht sie? Ihren Verteiler (= Excel-Datei mit Adressen, im einfachsten Fall) sollten Sie immer gut pflegen, z.B. alte Adressen streichen.

Eine Pressemitteilung, das ist das Hauptinstrument der Medienansprache. Sie berichten darin auf maximal einer A4-Seite sachlich über Neuerungen in Ihrem Unternehmen, über neue Produkte oder über Termine, Angebote oder ähnliches. Damit eine Pressemitteilung gedruckt wird, sollte sie einen bestimmten Aufbau haben. Recherchieren Sie dazu einfach im Web unter „Pressemitteilung schreiben" – dann brauche ich das hier nicht zu erzählen. UND: Sie landen höchstwahrscheinlich direkt auf einem Online-Portal, in dem Sie Ihre Pressemitteilungen kostenfrei eintragen können ... Das erhöht zugleich Ihre Auffindbarkeit im Internet.

Was könnten Themen Ihrer Pressemitteilung sein? Und Fachartikel?

....

....

....

....

(kleine Denk- und Notiz-Pause)

Beides, Pressemitteilungen und Fachartikel (z.B. unter www.online-arti-kel.de), ist geeignet, Ihren Bekanntheitsgrad zu erhöhen und den Wert Ihrer Website zu steigern. Denn natürlich geben Sie überall Ihre Webadresse an. Die Zeiten, wo man auch ohne Internetseite erfolgreich selbständig sein konnte, die sind vorbei. Wer sich über Sie und Ihr Angebot informieren möchte, der gibt Ihren Namen in eine Suchmaschine ein. Blöd, wenn das Internet dann nichts über Sie ausspucken kann. Im Idealfall ersetzt Ihre Website jede Image-Broschüre und die meisten Flyer.

> *Ich habe, soweit ich mich erinnern kann, nie einen Flyer in Auftrag gegeben oder entwickelt. Anfangs fehlten mir dafür Zeit und Geld. Und später fand ich zum Beispiel meine Seminarunterlagen für die Teilnehmer von Gesund-führen-Veranstaltungen viel aussagekräftiger, als es ein Flyer hätte sein können.*
>
> *Und eine Imagebroschüre (in Hochglanzoptik mit tollen Bildern) fand ich für meine Zwecke schon immer überflüssig. Wenn die Leute sehen wollten, wie ich bin, sollten sie doch auf meine Website gehen, fand ich. Und ich finde noch heute:*
>
> *Mein Webauftritt sagt mehr über mich aus als zwölf Seiten Imagebroschüre es könnten. Da sehen die Leute sofort, dass es bei mir primär um konkrete praxisnahe Tipps für mehr Wohlbefinden im Job geht. Und dass ich ein fröhlicher Mensch bin, der niemandem weh tut, sehen sie auch sofort. Das muss ich nicht noch extra schreiben, denke ich.*

Manchmal denke ich: Imagebroschüren – das ist was für Leute, die noch kein Image haben. Und die sich halt durch ihre Broschüre eines zulegen wollen. Dabei gibt es doch so viele kostenlose Möglichkeiten, der Welt ein Bild von sich zu vermitteln ...

Ihre Homepage [vielleicht sogar mit einem Blog? die mögen Suchmaschinen besonders gern, weil sie häufig aktualisiert werden] ist heutzutage DAS Aushängeschild Ihres Unternehmens. Sie sollten sie sehr sorgfältig anlegen (lassen) und immer wieder weitere Beiträge einstellen. Viele haben sich inzwischen von der klassischen Website verabschiedet zugunsten von Content-Management-Systemen (grob gesagt: Wissensportal zu einem bestimmten Thema, z.B. mit www.joomla.de) oder WordPress (das geht eher in Richtung Blog mit häufigen neuen Artikeln, www.wordpress.de).

Beides gibt's kostenlos im Web!

Mit diesen Internet-Geschichten verhält es sich wie meistens im Leben: Wenn man die Programme einmal einigermaßen beherrscht, sind sie super-einfach zu bedienen. Ja, dann hat man wirklich ruckzuck eine nett aussehende Website im eigenen Design angelegt, in die man nach Belieben Inhalte einfüllen kann. Und von den Suchmaschinen wird man auch entsprechend schnell gefunden. Und alle Online-Marketing-Mess-Instrumente (z.B. www.seitwert.de, www.seittest.de, www.sitewert.de) bescheinigen einem, dass der Webauftritt immer besser und besser wird.

    Aber bis dahin fließen enorm viel Schweiß und Tränen.

Das müssen Sie sich, wenn das Internet und diese Programme nicht ohnehin schon Ihre Gefilde sind, echt gut überlegen: Wollen Sie sich das antun, Ihren Webauftritt komplett selbst zu gestalten? Oder doch lieber das Gerüst von jemand anderem anlegen lassen? Beides hat Vor- und Nachteile.

Ich für mich habe entschieden: Ich mache alles selbst. Es gibt mir ein befriedigendes Gefühl, und vor allem kann ich jederzeit alles ändern. Das ging ja nicht, solange ich es noch an Agenturen delegiert hatte. Allerdings führte dieser Selber-mach-Wahn einmal dazu, dass meine Website gar nicht mehr erreichbar war. Ich hatte versehentlich den Zugang zu einer Datenbank zerstört und konnte ihn nicht mehr finden. Und man sah also NICHTS, wenn man www.do-care.de oder www.gesund-fuehren.de eingab.

Noch nicht einmal eine 404-Fehlerseite im netten Design. Und dies geschah just zu einem Zeitpunkt, als ein Kunde – eine große Stadtverwaltung – beschlossen hatte, meinen eMail-Infoletter für sämtliche Führungskräfte erreichbar zu machen. PEINLICH!

Sie sollten unbedingt sicher stellen, dass Ihr Backup funktioniert!

Ihre Website braucht in jedem Fall ein Foto. Selbst wenn Sie nicht der Typ sind, der seine Persönlichkeit gern in den Vordergrund stellt: Menschen wollen wissen, mit wem sie es zu tun haben. Und sie werden auf Ihrer Website danach suchen. Am Foto kommen Sie nicht vorbei.

Was sonst noch auf Ihre Website gehört (Konzept, gekürzter Lebenslauf, Kernthesen, Angebote, Artikel oder Tipps zum Downloaden, in jedem Fall ein Impressum), erfahren Sie am besten, indem Sie sich Internetauftritte Ihrer Kollegen anschauen. Dabei erkennen Sie auch schnell, was zu Ihnen selber passt und was nicht. Ein gelungener Webauftritt ist wie ein Verkaufsprospekt. Er erklärt, was Sie dann nicht mehr aufwändig in persönlichen Akquisegesprächen zu erklären brauchen.

Und übrigens: Keine Angst vor Ideenklau! Natürlich geben Sie etwas von sich preis, wenn Sie Ihren Webauftritt ausführlich gestalten. Und natürlich können Mitbewerber etwas von Ihnen abgucken. Aber das sollten Sie als Kompliment sehen! Und je spitzer Ihr Marktauftritt (für 1 Zielgruppe 1 Produkt, zum dem Sie bereits Fachartikel und Online-Beiträge veröffentlich haben), desto klarer ist für den Kunden: SIE sind der Experte, nicht der andere. Wirklich lebendig präsentieren können Menschen nur Ideen, die sie selber gehabt haben.

Zur Öffentlichkeitsarbeit gehören auch Podcasts und Newsletter – also kostenlose Angebote für Ihre Kunden zum Schnuppern, so dass diese sich ein möglichst konkretes Bild von Ihnen machen können. Im Idealfall müssen die Kunden Sie noch nicht einmal persönlich kennen lernen. Sie haben ja das gute Gefühl, dass sie Sie aus Videos, Audios und Ihren Publikationen schon kennen. Und das ist unbezahlbar.

In der Praxis sieht das tatsächlich oft so aus: Ich bekomme eine eMail von einem Personalentwickler oder einem BGM-Mitarbeiter, in der steht, er hätte begeistert mein Buch „Führung und Gesundheit" gelesen und meinen Infoletter abonniert und sei sehr angetan von meinem Ansatz und dem Seminarkonzept (steht im Web). Ob ich mal ein Angebot schicken könnte plus einen Terminvorschlag für ein 2tägiges Seminar heute in 6 Monaten.

Der Kunde hat sich also selber informiert, ich habe ihm quasi nur die Möglichkeiten dazu zur Verfügung gestellt. Und schon ist ein Auftrag fest abgemacht.

In Sekundenschnelle (für mich).

Und hinzukommt noch ein weiterer Vorteil (das müssen Sie mir jetzt einfach glauben, ist mein Erfahrungswert): Diese Kunden sind auch bei der Auftragsabwicklung die unkompliziertesten. Da sitzen die nettesten Menschen. Wenn man (ich) hingegen schon von Anfang an argumentieren soll, wieso mein Angebot toll ist, dann zieht sich dieses „schwieriger-Kunde-Gefühl" durch bis zur Rechnungsstellung (oder ist das eine self-fullfillinng prophecy?)

Eine aussagekräftige Homepage ist schon fast ein Verkaufsprospekt. Aber die Königsklasse der Öffentlichkeitsarbeit ist das eigene Buch. Wie oben bereits erwähnt, möchte ich Sie explizit zur Autorinnenschaft ermutigen. Es macht solchen Spaß, sein eigenes Werk in Händen zu halten! Und natürlich kommuniziert ein Buch deutlich wie kein anderes Marketing-Instrument, wofür Sie stehen, wie Sie arbeiten. Ihre Kunden wissen, worauf sie sich bei Ihnen einlassen. Sie müssen viel weniger erklären.

Was könnte Ihr Buchthema sein? Wie würden Sie's angehen?

....

....

....

....

(kleine Denk- und Notiz-Pause)

Erstellen Sie ein Exposé, indem Sie Ihr Buchkonzept umreißen (Ziele, Zielgruppe, Gliederung, Titelvorschlag), und schreiben Sie ein Probekapitel (empfehlenswert finde ich das Buch „Erfolgreich als Sachbuchautor" von Oliver Gorus und Jörg Achim Zoll). Und nun suchen Sie einen Verlag.

1. Entweder Sie versuchen es selbst, indem Sie einschlägigen Verlagen Ihr Exposé zusenden, oder
2. Sie wählen den Weg über einen Literaturagenten.
3. Oder – dritte Möglichkeit – Sie entscheiden sich für einen Book-on-Demand-Verlag.
4. Die vierte Möglichkeit, nämlich den Weg über einen sogenannten Zuschuss-Verlag, möchte ich hier nicht vorstellen: Sie wollen schließlich Geld verdienen und nicht Geld ausgeben.

Die anderen drei Möglichkeiten habe ich allesamt ausprobiert und finde: Jede hat was für sich. Mein erstes Buch war, wie oben erwähnt, direkt ein „richtiges" Verlagsbuch. Und weil der Verlag mich schon von den Zeitschriften-Artikeln kannte, hat er mein Exposé akzeptiert, was mich natürlich riesig gefreut hat! Die folgenden zwei Verlagsbücher habe ich mit Hilfe meiner Literaturagenten herausgegeben (die bekommen natürlich etwas für ihre Arbeit – dafür unterstützen sie einen aber auch bei der Verlagssuche und beim Organisatorischen im Umgang mit den Verlagen).

Die letzten Bücher, so wie auch dieses hier, habe ich ohne Agenten über einen Book-on-Demand-Hersteller veröffentlicht. Das heißt – anders als bei den Zuschussverlagen – es werden nur dann Bücher gedruckt (und von Ihnen bezahlt), wenn Sie sie wirklich brauchen. Und auch nur so viele, wie Sie brauchen. Je mehr Sie brauchen, desto billiger pro Stück. Und wenn Sie sie selber vertreiben, verdienen Sie mit jedem verkauften Exemplar sehr ordentlich. Den Buchpreis legen Sie ja selber fest.

Eines der Hauptargumente für ein Buch im Book-on-Demand-Verfahren ist für mich persönlich die Geschwindigkeit. Bei Kundenbeziehungen habe ich einen sehr langen Atem, aber ein Buch, das ich geschrieben habe, möchte ich möglichst bald in der Hand halten. Mit der Wartezeit gehen bei mir irgendwie viele Glücksgefühle verloren.

Bei einem Verlagsbuch dauert der Prozess von der Manuskript-Abgabe bis zur Auslieferung des fertigen Buchs zwischen 5 und 12 Monaten; da spielen auch Aspekte wie die Termine der Buchmessen eine Rolle. So etwas ist mir als kleiner Schreiberin aber total egal. Die Buchmesse finde ich spannend, aber da ist nicht meine Zielgruppe ... Und ich finde es einfach berauschend, heute ein Manuskript plus selbstgestaltetem Cover per Mausklick „abzugeben" und schon in einer Woche das gedruckte gebundene Exemplar in der Hand zu halten.

Ja, Sie lesen richtig: Inclusive Mastering (oder wie das heißt, jedenfalls Erstellung der Druckdatei aus den von mir gelieferten Daten) dauert der Herstellungsprozess eine Woche (okay, manchmal auch länger, aber diese eine Woche hat's schon gegeben).

Wenn Ihr Buch von einem Spezialthema handelt und Sie schon jetzt wissen, dass Sie beispielsweise nur 30 Exemplare benötigen – und noch nicht einmal eine ISBN –, dann ist das der Weg für Sie. Sie bezahlen dann nämlich nur die reinen Herstellungskosten für diese 30 Exemplare. Das sind bei einem 100-Seiten-Buch im Paperback zwischen 4 und 6 Euro pro Stück. Klasse, oder?

Wenn Sie möchten, dass Ihr Buch über den Buchhandel vertrieben wird (den Vertrieb übernimmt Ihr bod-Verlag), dann kommen noch einmal 40 bis 50 Euro einmalig hinzu, und außerdem ca. 2 Euro Datenhaltungskosten pro Monat. Und mehr nicht. Also höchst überschaubare Kosten.

Mein persönliches Fazit ist:

- Je kleiner die Zielgruppe
  - (die man idealerweise gut kennt und
  - mit Newslettern etc. gut erreichen kann),
- je schärfer das Thema (spitz!) und
- je bekannter die Marke in der Zielgruppe,

desto sinnvoller ist ein Buch im Book-on-Demand-Verfahren

Dieses Buch hier erscheint zum Beispiel bei www.bod.de; schauen Sie mal rein, die Website macht Lust sofort loszuschreiben). Denn natürlich ist die Gewinnmarge drastisch höher als bei einem „richtigen" Verlagsbuch – und es geht viel schneller (1 Woche vs. 6 Monate). Das Verlagsbuch hingegen – mit oder ohne Literaturagent – ist wichtig, um sich einen Namen zu machen. Es hat ein besseres Image, und das wird wohl auch erstmal so bleiben.

Wenn Sie Ihre Zielgruppe gut kennen und wissen, was sie braucht, sollten Sie noch heute mit Ihrem Exposé beginnen. Es gibt nichts Besseres als ein eigenes Buch, wenn man die eigenen Gedanken sortieren und zugleich günstige PR-Arbeit betreiben möchte.

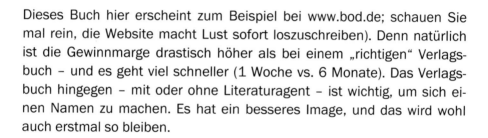

KURZ UND KNACKIG:

- Gute Berater schmeicheln Ihnen nicht, sie klopfen Sie ab.
- Ihr Erscheinungsbild muss zu Ihrem Thema passen.
- Ihr Erscheinungsbild muss zu Ihrer Persönlichkeit passen.
- Machen Sie PR statt Werbung – in 1/3 Ihrer Arbeitszeit.
- Der Königsweg der PR ist das eigene Buch: Legen Sie los!

2 Aus sich eine Marke machen

Warum?

Um den Marktwert zu erhöhen und Vertrauen aufzubauen.
>> höhere Honorare, mehr und einfachere Aufträge

Klären:

➢ Organisatorisches:
   o Raum? Gemeinschaftsräume? Praxis?
   o Welche Rechtsform?
   o Mitarbeiter? Wofür?
   o Kredit? Wofür?
   o Wer macht die Buchführung?
   <<< Infobroschüren von Krankenkassen etc.

➢ Beratung? << nicht nur mit Ihren Fans!

➢ Produktbeschreibungen: was bieten Sie an?
   o Ihr Thema in 140 Zeichen oder 2 Sätzen?
   o Was? Wem? Der NUTZEN? Zusatznutzen? Ihre
     Qualifikation dafür? Honorar?
   !!! Kaufen Sie die Domains !!!

➢ Erscheinungsbild: was macht Sie aus?
   o **WAS IST DAS BESONDERE AN IHNEN?**
   o Logo, Slogan, Website, Geschäftsausstattung
   o Kleidung, Auto ...

➢ PR statt Werbung!!! Ö
   o = ½ Zeit
   o Pressemitteilungen, Fachartikel, Website Buch

   >>> SCHREIBEN SIE EIN BUCH !!!

3 Wie Sie Ihre Kunden finden

„Ich bin super, aber ich hab' halt kein Vitamin B!"

Wie akquiriert man als Gesundheitspsychologe?

Akquise (vornehmer: Akquisition, also Beschaffung von Aufträgen) – das Wort hat für die meisten Existenzgründer den Beigeschmack von Angst, Schrecken, Herzklopfen und Bluthochdruck. Das muss aber nicht sein, wenn Sie es richtig angehen. Ich möchte Sie direkt entspannen: Nein, in diesem Kapitel erzähle ich Ihnen nicht, dass Sie irgendwo anrufen und sich an der Sekretärin des Personalchefs vorbeimogeln sollen. Und Sie brauchen auch nicht Klinkenputzen („Guten Tag, darf ich für eine Minute reinkommen. Die Gesundheit liegt Ihnen doch bestimmt am Herzen").

Was den meisten Menschen das angesprochene Unbehagen bereitet, ist die Kaltakquise: Auf potenzielle Kunden, die noch nie etwas von ihnen gehört haben, zugehen, diese aktiv ansprechen und für die eigenen Angebote werben. Das macht keine Freude, denn der Frust ist vorprogrammiert. Wer möchte schon von links angequatscht werden? Die Abwehrhaltung ist quasi ein Reflex. Einem Haustür-Vertreter kauft(e) man vielleicht lange Jahre Staubsauger ab, aber ganz bestimmt keine gesundheitspsychologischen Dienstleistungen.

Wenn Sie den oben beschriebenen Spruch „PR statt Werbung" beherzigen, dann kommen die Kunden zu Ihnen. Sie müssen gar nicht hingehen. Sie brauchen einfach nur ein bisschen Geduld (und für diese Überbrückungszeit vielleicht ein anderes Standbein, denn irgendwoher muss Ihr Geld ja kommen; oder Sie nehmen einen Kredit auf – rein statistisch betrachtet ist das übrigens eher Männersache: Frauen gründen meist „nebenher" und ohne externen Finanzbedarf).

47

Aber noch mal in aller Deutlichkeit, damit der Gedanke nicht verloren geht: Wenn Sie Öffentlichkeitsarbeit betreiben, dann brauchen Sie nicht zu akquirieren, zumindest keine Kaltakquise zu betreiben, eigentlich aber auch keine „Warmakquise". Sondern die Kunden kommen zu Ihnen. Fakt! Das funktioniert. Ich habe es für Sie ausprobiert ...

Zum Thema „Kaltakquise" kann ich gleich mit mehreren Fettnäpfchen-Geschichten aufwarten, die Sie nicht erleben sollen.

Eine ganz krasse Geschichte: Ich wollte unbedingt einem Busunternehmen helfen, seine Fehlzeiten zu reduzieren. Ich hatte sagenhaft viel zu den Themen „Gesundheitsgefahren des Busfahrens" und „Fehlzeiten in Verkehrsunternehmen" recherchiert, und war (und bin noch heute) 100% überzeugt: Ich hätte dem Unternehmen helfen können. Aber ich bin's falsch angegangen. Ich habe nämlich Kaltakquise pur betrieben, sprich:

Nachdem ein allgemein gehaltenes Schreiben meinerseits an

> **Busunternehmen XY**
> **Personalchef Herrn YX**
> **Straße**
> **Wohnort**

Null Reaktion zur Folge hatte, rief ich beim Personalchef an und landete natürlich bei der Sekretärin. Deren Job ist das Abwimmeln, also meinte sie: „Da haben wir kein Interesse. Tschüß!" Ich war frustriert. Dank einer sehr netten Unterstützung durch einen BDP-Senior (SEHR gute Einrichtung, hat mir echt geholfen) schrieb ich dann einen konkreteren Brief zum Thema „ich zeige Ihnen Wege zur Fehlzeitenreduzierung in Ihrem Busbetrieb" an

> **Personalchef Herrn YX**
> **c/o Busunternehmen XY**
> **Straße**
> **Wohnort**

So war sicher gestellt, dass der Herr den Brief persönlich öffnete. Hab ich nicht gewusst. Prompt rief eben jene Sekretärin an, lachte etwas betreten und lud mich zu einem „Vorstellungsgespräch" ein.

Ich freute mich wie ein Schneekönig, dabei war mein Vorhaben schon im Ansatz zum Scheitern verurteilt ... Fortsetzung folgt

Kaltakquise ist nicht unmoralisch oder so – aber es frustriert und nagt am Selbstwertgefühl, wenn man sich eine Abfuhr einhandelt. Und gerade zu Beginn der Selbständigkeit ist das berufsbezogene Selbstwertgefühl ja ohnehin noch nicht so kraftstrotzend wie in späteren Jahren. Man ist empfindlich für Dämpfer. Und die Gefahr ist groß, dass man nach so einer Abfuhr den Kopf in den Sand steckt und an sich zweifelt. Womöglich endet die Selbständigkeit dann schnell. Und das wäre schade.

... Fortsetzung ...

Ich arbeitete satte 3 Wochen (!) an der Präsentation für dieses Verkehrsunternehmen, und tatsächlich war mein Vortrag dort (anwesend war die gesamte Geschäftsleitung) ein Riesenerfolg. Der Personalchef – ein supernetter Mensch – gratulierte mir hinterher noch einmal per Handschlag und sagte: „Das haben Sie super gemacht!"

Pause.

Insgesamt war ich noch vier weitere Male in dem Haus, mal wegen unterschiedlicher Bausteine des Fehlzeitenkonzepts, die noch näher vorbereitet werden sollten, mal weil ich den Betriebsrat mit meiner netten Art von der Notwendigkeit einer Mitarbeiterbefragung überzeugen sollte, und mal, weil ich wegen des besseren Stallgeruchs das Arbeitsleben eines Busfahrers live kennen lernen sollte (Betriebsbesichtigung).

Alles kostenlos. Natürlich. Ich wollte ja den (welchen?) Auftrag. Aber nix passierte. Irgendwann meinte der Vorstandschef, ebenfalls ein sehr sympathischer ehrenwerter Herr, so könne das nicht weiter gehen, und ich solle doch wenigstens eine Beratungsrechnung schreiben – sie würden ja sonst vor sich selbst unredlich dastehen. Das fand ich sehr nett und hab's auch gemacht (über mein von mir selbst festgesetztes Honorar schweigen wir jetzt mal – heute wär ich nicht mehr so bescheiden). ACHTUNG: Ich bin dem Kunden rein gar nicht bös. ICH war es, die vieles falsch gemacht hat, nicht der Kunde!

Ich hatte mich dem Kunden ja quasi an den Hals geworfen. Das mögen weder Männer oder Frauen im realen Leben, noch Kunden im Berufsalltag. „Wer sich aufschwatzt, ist nichts wert" – so lässt sich vielleicht zusammenfassen, was in dieser Interaktion mit dem Kunden schief gelaufen ist. Ich hatte für mich Werbung gemacht, ohne dass der Kunde etwas zu tun brauchte. Das kann schon aufgrund der Missachtung des Dissonanzprinzips nicht klappen („wat nix kost', dat is' och nix" habe ich in meiner allerersten Wirtschaftspsychologie-Vorlesung in Köln gelernt).

Bereits der Ausdruck „Vorstellungsgespräch" sollte Sie stutzig machen. Es geht nicht darum, dass Sie sich anbieten, und der andere wählt. Es ist VIEL befriedigender, wenn Sie so ein Kennlerngespräch als eine GEGENSEITIGE Sache betrachten. So sehe ich das heute. Wenn ich überhaupt hingehe – sehr sehr selten, denn der Interessent hat ja vorher meine Bücher, Podcasts, Infoletter, Website etc. zur Kenntnis genommen –, dann kann es ja immer noch sein, dass mir dieser potenzielle Kunde nicht gefällt. Es ist kein Vorstellungs- sondern ein Kennlerngespräch.

Und dann sollte es recht zügig um einen konkreten Auftrag gehen, z.B. die Entwicklung eines Seminarkonzepts, die Erstellung einer Informationsbroschüre, die Durchführung eines Tages-Workshops, die Einzelberatung von 4 Vorstandsmitgliedern oder was auch immer. Aber konkret. Was Sie nach meiner Fallgeschichte bitte nie tun sollten: Einem (potenziellen) Kunden hinterher laufen, nur weil er Ihnen mal positives Feedback gegeben hat und es irgendwann ja mal ein Auftrag werden könnte.

Einem Menschen laufen Sie ja auch nicht hinterher. Später arbeiten Sie vielleicht – oder sogar ganz bestimmt – an der Beziehung, dann ist sie Ihnen ja auch schon viel wert. Aber am Anfang passt es oder es passt eben nicht. Gehen Sie davon aus: Da draußen tummeln sich die potenziellen Kunden nur so, die mit Ihnen ins Geschäft kommen wollen. Sie müssen es nur schaffen, die auf sich aufmerksam zu machen (im Grunde auch wieder wie bei der Partnersuche) ...

Akquirieren Sie durch Ihre Marktpräsenz. Seien Sie da, wo Ihr Kunde ist. Zeigen Sie sich ihm: durch Vorträge (ganz wichtig!), Website, Artikel, Bücher. Und dann lassen Sie ihn kommen. Wie im wirklichen Leben ...

Wo tummeln sich Ihre Kunden?

Gehen Sie da hin, wo Ihre Kunden sind! So lässt sich die Kernbotschaft dieses Unterkapitels zusammenfassen. Dazu müssen Sie zunächst die Frage beantworten, wo die denn sind. Natürlich gibt es Tagungen, Messen und Kongresse; einige habe ich ja schon oben in Kapitel 1.2 erwähnt. Wer sich auf Mittelständler spezialisiert hat, für den sind auch die Tagungen des Schmidtcollegs sehr wertvoll; die haben auch einen Schwerpunkt Gesundheitsförderung (www.businesshealth.de).

Wessen Angebot sich an Einzelpersonen richtet, der sollte Gesundheitstage von Krankenhäusern oder Industrie- und Handelskammern besuchen. Und schauen Sie auch immer mal, welche Krankenkassen in Ihrer Nähe Tagungen zur Gesundheitsförderung anbieten. Die sind meist sehr gut bestückt sowohl mit hochkarätigen Referenten, als auch mit Praxisbeispielen und Infomaterialien. Und gutes Essen gibt's obendrein ...

Das Gute an solchen Veranstaltungen: Hier kommen Sie lockerflockig mit potenziellen Einkäufern ins Gespräch. Sie erinnern sich hoffentlich noch an Ihre 140-Zeichen-Antwort auf die Frage „Und was machen Sie beruflich?" Die sollten Sie – genau wie Ihre Visitenkarten und idealerweise Ihr erstes Buch – sofort aus der Tasche zaubern können (ja, da sind wir Frauen mit unseren Riesen-Handtaschen im Vorteil, stimmt).

Als Gesprächsinhalte, um in Kontakt zu kommen, bieten sich die üblichen Themen an. Hier ist es weniger plump als bei der Partnersuche: Hier dürfen Sie ruhig fragen „schon mal hier gewesen? wie finden Sie's hier? was gefällt Ihnen besonders gut?" Nicht gemeinsam ablästern, sondern die positiven Aspekte der Veranstaltung herausstellen.

Und dann zeigen Sie durch Fragen Ihr Interesse am Gegenüber. Sie wollen ja wissen, was derjenige beruflich macht. Und irgendwann fragt er Sie vielleicht nach Ihrer Karte. Auch hier gilt: Idealerweise geht dieser Schritt zur Beziehungsvertiefung von Ihrem Gesprächspartner aus, nicht von Ihnen!

> **Wo könnten sich Ihre Kunden tummeln?**
>
> ....
>
> ....
>
> ....
>
> ....
>
> (kleine Denk- und Notiz-Pause)

Setzen Sie sich nicht unter Druck, dass Sie so und so viele Visitenkarten am Ende des (vielleicht sogar teuren) Tagungstages in Ihrem Portemonnaie gesammelt haben müssen. Sorgen Sie lieber dafür, dass Sie sich auf der Veranstaltung wohl fühlen. Dann fällt es viel leichter, ins Gespräch zu gehen. Und im nächsten Jahr kennen Sie dann schon ein oder zwei Gesichter, die Ihnen das Locker-Sein auf dieser Tagung erleichtern.

Ja, Sie müssen langfristig denken: eine Selbständigkeit als Gesundheitspsychologe trägt sich nicht von jetzt auf gleich – rechnen Sie mit 3 Jahren, dann kennen Sie schon viele. Und in 5 Jahren kennt Sie fast jede/r, der oder die zu Ihrer Zielgruppe gehört – wenn Sie sich denn die Mühe gemacht haben, diese ordentlich zu definieren und damit einzugrenzen. Und damit verschaffen Sie sich Ihr „Vitamin B".

Meine Freundin meinte neulich, als ich vor Weihnachten über die Riesenzahl an Kundenpräsenten klagte, die ich verpackte habe: „Du müsstest doch bei jeder Weihnachtskarte, die du schreibst, eigentlich vor Stolz platzen. Du hast dir doch jeden Kontakt selber erarbeitet."

Stimmt – so kann frau es auch sehen ...

Wichtig ist auf den Tagungen – neben ein bisschen Small-Talk-Beherr-schung –, dass Sie eine Position vertreten, dass Sie als Person mit einer Meinung erkennbar werden. Menschen wollen wissen, wie ihr Gegenüber tickt (wem erzähl' ich das? sorry, wenn ich manchmal Eulen nach Athen trage; sooo oft arbeite ich halt doch nicht mit Psychologen). Also, machen Sie sich durchschaubar, indem Sie Ihre Meinung durchblicken lassen. Wenn sich dann welche abwenden: auch gut – die wären eh nicht Ihre Kunden geworden. Besser also, wenn Ihre Wege sich jetzt schon trennen. Die Chemie muss stimmen, sonst wird's nie was mit dem Auftrag.

Aber natürlich muss es nicht immer der Live-Kontakt sein. Auch im Inter-net tummeln sich potenzielle Kunden. in Foren wie XING, vielleicht sogar in facebook, oder auch in Spezialforen wie www.hrm.de (Netzwerk für Personaler). Überall dort können Sie auch in Posts Ihre Meinung hinter-lassen und sich damit sichtbar machen (ohne richtig für sich zu werben!). Competence Site oder brainguide sind weitere empfehlenswerte Adres-sen, bei denen Sie sich vielleicht eintragen können, um gesehen zu wer-den. Es geht dabei nicht ums berühmt oder bekannt werden (das kann sein, muss aber nicht), es geht darum, anerkannt zu werden als Experte für das, was Sie anbieten.

Vernetzen Sie sich, zum Beispiel innerhalb des BDP. Ich finde es wichtig, einem Berufsverband anzugehören, und ich persönlich bin immer noch Mitglied und habe auch vor, das zu bleiben. Für uns Frauen gibt es in vielen Städten außerdem Business-Netzwerke – hier kann man bisweilen auch einen Vortrag halten, zum Beispiel zum Thema Stress bei Frauen, Müttern, Managerinnen.

Überall geht es darum, ins Gespräch zu kommen über die Inhal-te der jeweiligen Veranstaltung; zweitens das Gegenüber näher kennen zu lernen (beruflich); drittens es dazu zu verlocken, das-selbe mit Ihnen zu machen; viertens es dazu zu bringen, nach Ihrer Visi-tenkarten zu fragen (oder natürlich Sie direkt um ein Angebot zu bitten, das ist aber selten, und unter diesen Druck sollten Sie sich nicht setzen).

Wie gestalten Sie den Kundenkontakt?

Diese Visitenkarten-Empfänger werden, wenn Sie Ihr Thema in den 140 Zeichen = 2 Sätzen verlockend präsentiert haben, irgendwann auf Ihrer Website vorbei schauen. Und wenn ihnen das gefällt und sie dort etwas finden, das sie gut brauchen können, dann werden sie Kontakt zu Ihnen aufnehmen. Per eMail oder telefonisch, ganz selten auch in Briefform. Dann müssen Sie reagieren.

 Gehen Sie ans Telefon, bloß weil es klingelt? Ich finde: Es gibt gute Gründe dafür, es einfach läuten zu lassen. Machen Sie sich rar. Das Prinzip der Verknappung ist ein sehr stark wirkendes: Was selten ist, wird wertvoller; Ramschtische sind unattraktiv.

Wenn Sie das Telefon läuten lassen (schließlich sind Sie ja gerade in irgendetwas anderes vertieft – Sie hocken ja nicht tatenlos neben dem Telefon), signalisiert das: „Ich habe gerade anderes zu tun, ich bin ein viel beschäftigter Mensch." Und faktisch sind Sie das ja. Ich meine, was denkt so ein Anrufer? Dass Sie rangehen mit Worten wie: „Oh, super, dass Sie anrufen, ich saß eh gerade tatenlos hier herum und habe mich gefragt, wie ich den Tag bloß rumkriegen soll. Danke, dass Sie mich aus meiner Langeweile erlösen"?! Dann wären Sie wohl nicht gut im Geschäft.

Natürlich können Sie auch einen Büroservice mieten. Der geht dann statt Ihrer ans Telefon, sitzt irgendwo in Indien oder Niedersteinbach und tut so, als wäre er gerade in Ihrem Büro. Die Leute schreiben alles auf, was so eintrudelt, und zu von Ihnen bestimmten Zeiten und in der von Ihnen bestimmten Form erhalten Sie dann diese Informationen und können entscheiden, was mit den Anrufern zu geschehen hat. Dieser Service kostet gar nicht sooo viel.

> *Ich persönlich habe mich gegen so einen Büroservice entschieden. Wieso sollte ich so tun, als bestünde meine kleine Firma aus mehr Menschen?! Abgesehen davon ist ja eines meiner beruflichen Anliegen, die Arbeitswelt, auch die meiner Kunden, ein bisschen zu entschleunigen. Ich finde, genau dazu trägt mein (Nicht-)Telefonverhalten bei: Es geht eben nicht von jetzt auf gleich.*
>
> *Ich betreibe ja keine Notfall-Ambulanz. Beim „Gesund Führen" geht es nicht um Leben oder Tod. Und ich behaupte: Wenn ein Kunde von jetzt auf gleich Leistungen zu diesem Thema einkaufen muss, dann stimmt etwas nicht in seinem Laden.*
>
> *Ich für meinen Teil habe mich für die simple Variante „Anrufbeantworter" entschieden. Aber ich bin auch rein gar kein Fan vom Telefonieren ohne Termin. Ich finde, das unterstellt: „Hey du, du hast doch gerade eh nichts zu tun, also geh mal ran und sprich mit mir!" Diese permanente Verfügbarkeit (womöglich noch über Handy) geht mir total gegen den Strich. Das ist aber vielleicht nur mein subjektiver Spleen. Jedenfalls rücke ich die Nummer meines Berufshandys nur höchst selten raus.*
>
> *Neulich habe es ich es ersetzt durch ein iphone. Schwupps, waren alle Nummern weg. War aber fast gar kein Verlust ...*

Ich rufe auch nur höchst selten noch am selben Tag zurück, sondern warte lieber, bis ich in Ruhe daheim am Schreibtisch sitze und den Kopf frei habe. Allein schon die Frage: „Was kosten Sie denn?" beantworte ich doch lieber aus meinem Büro heraus als aus einem überfüllten ICE. Und ich finde auch, ein Kunde MUSS nicht von jetzt auf gleich wissen, ob ich am 28.03. nächsten Jahres für ihn arbeiten kann. Meist vertröste ich den Kunden aber noch am selben oder spätestens am nächsten Tag per eMail auf eine bestimmte Telefonterminzeit. Der Kunde darf ja nicht denken, dass sein Kontaktanliegen im Nirwana verhallt ist.

Das Schöne an eMails ist, dass Sie sie beantworten können, wann Sie wollen, z.B. in Abhängigkeit von Ihrem persönlichen Biorhythmus. Und wann es Ihr Arbeitsaufkommen erlaubt. Routinemails in der Hauptleistungszeit zu beantworten, ist doch Verschwendung von Lebensenergie.

Beenden Sie jede eMail mit Ihrer Signatur, die Sie um (mindestens) eine persönliche Zeile erweitern. Bei mir (mit der Sonne im Logo) ist es der Wunsch „Sonnige Grüße" am Ende einer eMail. Und in der Signatur stehen Hinweise auf den aktuellen Infoletter oder auf das neuste Buch.

Und noch ein letzter Tipp zum Prinzip der Verknappung: Bieten Sie dem Kunden möglichst wenig Produktvarianten an und möglichst wenig Termine mit einer möglichst kurzen Block-Garantie („Sie wünschen sich 3 Vorträge im Herbst nächsten Jahres: Ich blocke Ihnen die folgenden 4 Termine für Sie unverbindlich bis heute in 10 Tagen"). Klingt paradox, aber so erleichtern Sie ihm das Einkaufen. Zu viele Optionen verunsichern. Wie Sie ein Angebot schreiben, lesen Sie im nächsten Kapitel.

Wie machen Sie es potenziellen Kunden leicht, Sie einzukaufen?

....

....

....

....

(kleine Denk- und Notiz-Pause)

KURZ UND KNACKIG:

- Ersparen Sie sich Kaltakquise. Die frustriert nur.
- Zeigen Sie sich Ihrem Kunden, z.B. in Vorträgen.
- Und dann lassen Sie ihn kommen, statt sich ihm anzubieten.
- Gehen Sie da hin, wo Ihre Kunden sind (auch im Web).

3   Kunden finden

Warum?
Um zu überleben ...

➢ Wenn schon Kaltakquise,
dann personalisierte kundenspezifische Schreiben mit
c/o (verpflichtet zur Öffnung nur durch Empfänger)

➢ Sich nicht dem Kunden an den Hals werfen und schon
gar nicht hinterherlaufen („wollen Sie nicht ...“):

Der Kunde muss kommen, sonst wird's nichts!

➢ Besser keine klassische Akquise, sondern PR:
- o sich zeigen, z.B. in Form von Vorträgen
  <<< wo tummeln sich Ihre Kunden?
  - ▪ Tagungen
  - ▪ Netzwerke
  - ▪ BDP
  - ▪ XING, HRM
  - ▪ Gesundheitstage (Firmen, IHK, KK etc.)
- o ZIEL: durch Fragen Ihrerseits den anderen
  neugierig auf Sie machen, so dass dieser Ihre
  Visitenkarte möchte (nicht danach fragen)

= Wie bei privater Partnersuche / Flirt

>>> **GEHEN SIE DAHIN, WO IHRE KUNDEN SIND!**
Und dann lassen Sie sie kommen ...
Und SIE machen sich rar! = Prinzip der Verknappung

4   Wie Sie das Thema Gesundheit verkaufen

> *„Ich bin fit, und ich mache Sie gesund!"*

Was versprechen sich Ihre Kunden? Was versprechen Sie?

Die Frage, die den meisten Teilnehmenden in der Veranstaltung „Selbständig als Gesundheitspsychologin" auf der Seele brennt: Wie schreibt
man ein Angebot? Und natürlich: Wie teuer darf ich sein? Darum geht es
aber erst im nächsten Kapitel. Wichtig ist, dass Ihr Angebot konkret und
klar ist. Hier bitte erst recht keine Angst haben à la „Die könnten mir
meine Geheimnisse abgucken", sondern die Karten auf den Tisch legen.

*In meinen Seminar-Veranstaltungen gibt es beispielsweise keine
Rollenspiele. Als Teilnehmerin finde ich die klasse, aber ich hasse
es, sie anzuleiten. Und ich kann das auch nicht gut. Und vor al-
lem: In meinen Seminaren geht es primär um die Stärkung der
Haltung; wenn die stimmt, stimmt auch das Verhalten, so meine
These; stimmt die Haltung nicht, dann braucht man auch kein
Verhalten zu üben. Also keine Rollenspiele. Da muss der Kunde
durch. Das weiß er aber vorher. Und auch, dass ich bei diesem
Thema nicht verhandle. Das ist auch wieder Positionierung:
„Wenn Sie Rollenspiele wollen, empfehle ich Ihnen folgende kom-
petente Kollegin: …"*

Seien Sie streng und stehen Sie zu Ihrer Linie. Lassen Sie nicht zu, dass
Ihr Kunde Ihr Angebot verwässert. Natürlich kann man in inhaltlicher
Hinsicht Anpassungen vornehmen, damit das Angebot besser zum Kunden passt, aber man darf sich nicht verbiegen. Dann lieber nette Kollegen empfehlen – die freuen sich, und der Kunde ist baff angesichts solcher Selbstlosigkeit (dabei ist die bloß in Ihrem eigenen Interesse: mit
diesem Kunden wären Sie nicht glücklich geworden).

Versprechen Sie nichts, was Sie nicht halten können. Seien Sie extrem bescheiden bei dem, was Sie als Ziele und Effekte Ihrer Maßnahmen ankündigen. Daran werden Sie ja später gemessen. Und ganz häufig ist es im gesundheitspsychologischen Bereich so, dass der Kunde (z.B. Seminarteilnehmer oder Ihr Coaching-Klient) die erarbeiteten Maßnahmen eigenständig umsetzen muss. Sie können den Hund aufs Jagen vorbereiten, aber Sie können ihn nicht zum Jagen tragen (bzw. wird er dann nicht die nötigen Kalorien verbrennen ...).

Ihr Erfolg hinge dann also auch von der Compliance des Kunden ab. Da können Sie quasi nur verlieren. Deshalb lautet meine eindeutige Empfehlung: Versprechen Sie lieber viel zu wenig als ein bisschen zu viel. Statt zu versprechen: „Nach unserem Workshop sinken Ihre Fehlzeiten innerhalb von 3 Monaten um 2 Prozentpunkte" (was ausgesprochen unseriös wäre) sollte schon im Angebot stehen: „Der Erfolg der Maßnahmen hängt ab von den Menschen, die sie umsetzen. Ein Effekt auf die Anwesenheitsquote ist nur mittel- bis langfristig zu erwarten – wenn überhaupt: Schließlich hängt die Quote von etlichen Einflussfaktoren ab. Aber alle werden spüren ..." Oder Sie schlagen vor, weichere Faktoren wie Klima / Zufriedenheit zu messen.

Man kann auch ruhig dazu schreiben: „Wer Ihnen Knopfdruck-Techniken verspricht (z.B. beim Abschalten nach Feierabend), handelt unseriös. Abschalten ist Arbeit. Die Füße hochlegen und die Glotze anmachen, das hat nichts mit Abschalten zu tun." Also ruhig sehr sehr deutlich machen, dass Ihr Gegenüber den Erfolg der Maßnahmen selbst in der Hand hat. Sie als Gesundheitspsychologe leisten quasi „nur" Hilfe zur Selbsthilfe.

Diese Bescheidenheit ist aber nicht schlimm. Im Gegenteil. Ihre Kunden versprechen sich nicht wirklich von Ihren Maßnahmen die ewige Gesundheit. Sie wollen erstens einen (!) Baustein dafür und zweitens das gute Gefühl, etwas für ihre Gesundheit getan zu haben. Und letzteres wird umso stärker, je strukturierter Ihr Angebot erscheint und je kompetenter Sie auftreten (wissend, aber nicht besserwisserisch). Daher sollte schon Ihr Angebot nicht vor Fachbegriffen strotzen, sondern leicht verständlich sein, und vor allem: konkret, konkret, konkret.

Mut zur Konkretisierung, das bedeutet auch: direkt sagen, was Sie nicht leisten und subjektiv Position beziehen (z.B.: „Meiner (!) Meinung nach ist die Aufgabe von Führungskräften im Betrieblichen Gesundheitsmanagement das und das und NICHT das ...“). Das macht Sie für den Kunden transparent. Beschreiben Sie auch, was nach Ihrer Veranstaltung anders sein wird. Und beschreiben Sie, mit welchen Techniken Sie arbeiten.

Welche Bestandteile sollte Ihr Angebot haben, wie sollte es aussehen? Sehr gut gefahren bin ich in den letzten zehn Jahren mit 6 bis 12 A4-Seiten, die ich mit Drahtspiralbindung (vorne Klarsicht, hinten Glanzlack, 100g/m^2 -Papier) geheftet habe. Ein Cliphefter tut's natürlich auch. Und mit Farbakzenten (bietet sich ja bei meinem Logo auch an). Das Frontblatt unter der Klarsicht-Folie zeigt neben dem Namen des Kunden und der Angebotsnummer sowie dem Erstellungsdatum eine Übersicht über die enthaltenen Punkte. Im Einzelnen sind das in meinen Angeboten:

- *Hintergrund*
  - *„Führung prägt Wohlbefinden“ etc. (Theorie)*
  - *„Frau X fragt an wegen ...“ (Firma, Name, konkreter Wunsch)*
- *Wirkung*
  - *„Die Veranstaltungen kann Folgendes (nicht) leisten ...“*
    ZIEL: Erwartungen dämpfen
- *Anbieterqualifikation und Referenzen*
  - *Lebenslauf („ich bin die einzige mit 4 Büchern zu dem Thema“)*
  - *Liste bisheriger Kunden*
    ZIEL: Vertrauen schaffen = „ich bin DIE Expertin“
- *Ziele und Zielgruppen*
  - *inhaltliche und strukturelle Ziele (worum geht's + worum nicht)*
    ZIEL: Sicherheit geben; Fehlannahmen ausräumen
- *Inhalte*
  - *Agenda und Durchführungshinweise (kein Rollenspiel etc.)*
    ZIEL: Transparenz für den Kunden – Sicherheit für mich
- *Angebote (Termin, nötige Materialien, Honorar, Zahlungsbedingungen)*
  - *2 Varianten zur Auswahl; penible Beschreibung der Reisekostenabrechnung (oder Pauschalvariante)*
    ZIEL: Vertrauen schaffen = „es gibt nichts Kleingedrucktes“

Bei Angeboten per Briefpost lege ich noch einige Werbe-Postkarten für meine neusten Bücher, den Infoletter und die Podcasts dazu sowie grundsätzlich auch eine CareCard (mein Standard-Giveaway seit vielen Jahren: kleine Plastikkarte im Scheckkartenformat, daher bei 30 Grad waschbar) mit den wichtigsten Tipps zum Thema „Gesund führen" (Rückseite: Stress-Stopp-Tipps). So erhält der Kunde direkt etwas zum Begreifen im wörtlichen Sinn. Und das macht ihm Freude. Die meisten Angebote gebe ich aber mittlerweile per eMail ab; es sei denn, der Kunde wünscht es anders.

Das A und O eines guten Angebots: keine leeren Worthülsen. Das gilt ja schon für Ihre Website. Verzichten Sie auf den so verbreiteten Hinweis, dass Sie auf kundenspezifische Extra-Wünsche maßgeschneidert individuell eingehen und keine Standardangebote im Programm haben, sondern jedes Mal bei Null anfangen, ein Konzept zusammenzupuzzeln, weil ja jeder Kunde ein König für Sie ist ... okay, das war jetzt ein bisschen bös formuliert. Aber Sie glauben mir vielleicht dann endlich:

So leere Pauschalfloskeln zu benutzen, das bringt's nicht.

Gesucht sind Menschen mit Profil (und Persönlichkeit). Derjenige kann erfahrungsgemäß höhere Honorare verlangen, der den Mut zur Konkretisierung und zur Abgrenzung aufbringt. Ich schreibe zum Beispiel: „Ich tue niemandem weh. Wenn Sie jemanden suchen, der Ihren Führungskräften erklärt, wie sie ordentlich Druck machen auf ihre Blaumacher, dann sollten Sie nach anderen Referenten Ausschau halten" – das selektiert die Kunden schon im Vorfeld.

Wer hingegen signalisiert: „Ich passe mich vollkommen den Kundenwünschen an", wirkt wie ein Fähnlein im Wind und bekommt entweder gar keine Kunden oder extrem dominante, bei denen er oder sie sich bis zur Unkenntlichkeit verbiegen muss.

Was versprechen Sie Ihrem Kunden im Angebot? Und was nicht?

....

....

....

....

(kleine Denk- und Notiz-Pause)

Wie kommen Sie an den ersten Auftrag?

Dass Sie zu Beginn Ihrer Tätigkeit ab und zu kostenlose Akquisegespräche führen müssen, haben Sie nach der bisherigen Lektüre sicher schon vermutet. In die gleiche Kategorie fallen kostenlose Erstgespräche in Einzelberatungen – zum gegenseitigen Beschnuppern. Die Chemie muss schließlich auf beiden Seiten stimmen. Im Idealfall weiß Ihr potenzieller Kunde schon möglichst viel über Sie, bevor er überhaupt mit Ihnen in Kontakt tritt. Das schmälert die Gefahr von Enttäuschungen.

Die ideale Form für ein unverbindliches Antesten bzw. einseitiges Probe-kennenlernen ist, neben einem informativen Internetauftritt, der Vortrag: Hier stellen Sie sich vor, und zwar nicht (nur) als Person, sondern primär als Expertin. Sie sprechen zu Ihrem Thema und stellen Ihr Konzept vor. Sie zeigen, wie Sie ein Problem lösen, das die Menschen im Publikum haben (könnten). Damit belegen Sie Ihre Fachkompetenz. Sie können glänzen – ohne dass einer frech dazwischenfragt. Es ist Ihre Bühne.

An der Volkshochschule, bei der ich mein erstes Stress-Seminar gab, traute ich mir bald auch Vorträge zu, zum Beispiel einen über Schlafstörungen. Dort saßen acht Menschen. Den ersten Satz habe ich trotzdem – sooo aufgeregt war ich – total verhaspelt; es kamen ungelogen nur unverständliche Laute über meine Lippen. Aber ich habe einen Schritt zurück gemacht, einmal tief ausgeatmet und noch einmal von vorn begonnen: „Schönen guten Abend, …"

Inzwischen liebe ich Vorträge über alles. Je mehr Leute, desto besser. Der bisherige Rekord liegt bei 600 Zuschauern. Will einfach heißen: Menschen können in alles hineinwachsen …

Genießen Sie den Applaus! Und freuen Sie sich schon bei der Konzeption des Vortrags darauf, wie die Zuhörer nach vorn zu Ihnen strömen werden, Ihnen ihre Karte überreichen und Sie fragen werden, ob Sie denn diesen Vortrag auch in Buxtehude halten würden und ob Sie mal ein Angebot schicken könnten.

Genau so wird es sein, wenn Ihr Vortrag

- auf die Bedürfnisse Ihrer Zuhörer eingegangen ist,
- wenn die Zuhörer sich verstanden gefühlt haben,
- wenn der Vortrag klar und verständlich war,
- wenn es etwas zu lachen gab,
- wenn die Leute für sie nützliche Handlungsimpulse mitnehmen
- wenn sie etwas erhalten, das sie in die Hand nehmen können

Für Vorträge auf Tagungen und Kongressen gibt es nicht unbedingt viel Geld, manchmal auch gar keins. Aber wenn das Publikum für Sie wichtig ist, kann es sich absolut lohnen, sogar die Reisekosten aus eigener Tasche zu bezahlen. Zumindest am Anfang der Selbständigkeit: So leicht kommen Sie nie wieder an neue Kunden, wie wenn Sie einen Vortrag zu Ihrem Thema halten dürfen.

Später machen Sie das natürlich nicht mehr kostenlos. Dann ist Ihr Vortrag quasi zu einem eigenen Produkt geworden, und für dessen Verkauf nehmen Sie natürlich Geld (Ihren Tagessatz, denn schließlich sind Sie ja den ganzen Tag weg, selbst wenn der Vortrag nur 90 Minuten dauert; oder glauben Sie, ein Ronaldo oder Schweinsteiger würde nach Minuten bezahlt?). Aber für den Anfang kann ich nur empfehlen: Nutzen Sie jede Chance, einen Vortrag zu halten, die sich Ihnen bietet.

> *Mein Geschäft gäbe es gar nicht ohne Vorträge. In den ersten Jahren habe ich 80% aller Kunden über Vorträge gewonnen. Bei dem besten war ich gerade himmelhoch verliebt und habe das auch im Vortrag verraten. Das war keine Absicht, aber es hat die Wirkung offenbar potenziert. Durch diesen Vortrag (anwesend waren ca. 80 Personalentwickler und Mitarbeiter es Betrieblichen Gesundheitsmanagements) gelangte ich auf einen Schlag an 5 Kunden, für die ich zum Großteil mehrere Jahre lang gearbeitet habe.*
>
> *Und noch heute – zehn Jahre nach meinem Start mit dem Thema „Gesund führen" – sind Vorträge DER Kundengenerierer schlechthin.*

Wo könnten Sie Vorträge halten? Was brauchen Sie dafür?

....

....

....

....

(kleine Denk- und Notiz-Pause)

Wenn das öffentliche Reden wirklich so gar nicht Ihre Sache ist (auch nicht nach mindestens drei ernstgemeinten Versuchen), müssen Sie sich etwas anderes einfallen lassen, wie Sie den Kunden von Ihren Leistungen überzeugen.

 Das Problem beim Thema Gesundheit ist ja: Man kann sie nicht anfassen. Man kann sie nicht auf der Website in Form von Fotos abbilden. Man kann höchstens Erlebnisqualitäten transportieren.

Das müssen Sie irgendwie schaffen. Und wenn nicht per Vortrag, dann vielleicht über Audio-Dateien, die Sie auf Ihre Website stellen (und später als CD verkaufen können). Oder in Form von kurzen Videos. Mindestens in Form von Texten auf Ihrer Website. Idealerweise ja auch, wie schon gesagt, in Form eines Buches. Textauszüge daraus gehören natürlich auch auf die Website.

Das Wichtigste am Angebot ist der Nutzen.

Den müssen Sie kommunizieren. Intensiv, ausführlich, vorne und hinten. Die Leute müssen wissen, was sie davon haben, wenn sie eine Leistung bei Ihnen einkaufen. Ob sie sich anders fühlen (wie?), ob sie sich anders verhalten werden (wie?), ob sie mit anderen besser umgehen können (wie?), ob Probleme verschwunden oder erträglicher oder gelöst sein werden (welche?).

Wenn Sie unbedingt wollen (ich würde Ihnen davon abraten, aber als allerletzter Notausgang mag es vielleicht gehen), können Sie auch kostengünstige Schnupperangebote – die Sie unbedingt als solche kennzeichnen sollten! – anbieten. Entweder auf Ihrer Website oder in Form von Flyern, die Sie in Bildungsstätten oder ähnlichem auslegen. Vorher müssen Sie dafür um Erlaubnis fragen. Aber Vorsicht: Menschen merken sich niedrige Preise. Und die denken ruckzuck: „Ach, sooo billig ist die? Na, dann bringt die's wohl nicht."

Mein Tipp: Besser so lange ein zweites Standbein bemühen, bis der erste angemessen bezahlte Auftrag naht.

Noch ein Wort zu google-AdWords. Es ist ein bisschen seltsam, für diesen Riesenkonzern Werbung zu machen, aber googles Idee mit den AdWords finde ich einfach genial (und sie hat mir auch schon einige Kunden eingebracht): Sie entwerfen einen kurzen 4zeiligen Anzeigentext und sagen google, bei welchen Suchworten, die andere Menschen in die google-Suchleiste eingeben, diese Anzeige von Ihnen erscheinen soll, und zwar rechts neben den „normalen" Suchergebnissen oder sogar oben drüber.

Und das Coole daran: Das Schalten der Anzeigen kostet Sie nichts. Obwohl Ihre potenziellen Kunden Ihren Text sehen und den Namen Ihrer Website (der steht ja in der vierten Zeile) – man sagt ja, Werbung wirkt umso besser, je häufiger der Kunde sie sieht. Bezahlen brauchen Sie aber erst – und zwar nur einen von Ihnen vorher festgelegten Betrag –, wenn jemand tatsächlich auf Ihre Anzeige klickt und damit auf Ihre Website geleitet wird. Pay per click heißt dieses System. Und es ist komplett transparent. Sie sehen tagesaktuell, wie viele Clicks für wie viele Cent Sie bislang schon hatten.

Sie können zum Beispiel sagen, wenn einer den Begriff „Resilienztraining" eingibt, dann soll Ihre Anzeige mit der Nummer 3 erscheinen (Sie haben natürlich mehrere Anzeigen formuliert, die sie gegeneinander testen), und der Klick darf maximal 20 Cent kosten. Dann schaut google unter anderem, wie viel Ihre Mitbewerber für diesen Begriff geboten haben und wie gut Ihre Website hinter dem Click dieses Thema tatsächlich bedient – und danach wird entschieden (natürlich in tausendstel Sekunden), an welcher Stelle der Anzeigenliste Ihr Text erscheint. Und wenn zum Beispiel die von Ihnen vorgegebenen 5 Euro pro Monat verbraucht sind, dann erscheint Ihre Anzeige eben nicht mehr. Sie haben also die komplette Kontrolle über Ihre Werbeaktivitäten.

Ich habe schon sehr häufig von Kunden gehört (und zwar schon bevor ich überhaupt mit der Suchmaschinenoptimierung meiner Website begonnen hatte): „Na, an Ihnen kommt man ja beim Thema ‚gesund führen' im Internet nicht vorbei." Das schmeichelt mir natürlich sehr. Aber ich fürchte ein bisschen, daran sind auch die bezahlten AdWords schuld ... Meine Mitbewerber haben dieses geniale Tool einfach noch nicht entdeckt.

Wie zeigen Sie, was Sie können?

Sie denken vielleicht: „Na, wenn ich erst einmal den ersten Auftrag hätte, dann könnte ich ja zeigen, was ich kann. Aber ich bekomme ja keine Chance." Vielleicht tröstet Sie ein Zitat meines lieben Kollegen Robert Jautschus (www.jautschus.de). Er sagte auf einer Veranstaltung des Arbeitskreises Gesundheit im BDP – ich glaube, es war 1998:

„Den ersten Auftrag zu bekommen, das ist am schwierigsten. Der zweite Auftrag ist nur noch der zweitschwierigste, und so geht das weiter." Und so geht es fast allen.

Zeigen, was Sie können – das geht aber auch bei Ihrer Öffentlichkeitsarbeit. Wenn Sie die intensiv betreiben, erscheinen pro Monat 2 bis 10 Artikel, ausführliche Blogbeiträge oder Pressemeldungen von Ihnen. Und darin zeigen Sie ja, wie Sie arbeiten und denken. Dann wächst Ihre Website und legt permanent an Bekanntheit zu. Und irgendwann wird dann auch ein Kunde auf Sie aufmerksam. Ganz sicher.

Wichtig ist – das schreiben zumindest Werbestrategen im Internet und in Marketing-Ratgebern – in die Texte Zahlen zu integrieren. Zahlen erhöhen angeblich die Glaubwürdigkeit eines Textes drastisch. Kein Wunder also, dass so viele Beratungsgesellschaften permanent Studien und Befragungen durchführen. Sie wirken auf einen Schlag viel seriöser, weil sie ihre Artikel mit Zahlen anreichern können.

Natürlich müssen Sie die Zahlen auch als Zahlen schreiben, damit sie wirken: „schon 1.000 zufriedene Teilnehmer" statt „eintausend". Oder „das Programm wurde 12mal evaluiert an 123 Probanden, die einen durchschnittlichen Zufriedenheitswert von 2,3 angaben" – das wäre ja bei einer Schulnotenskala gar nicht sooo toll, aber es klingt halt viel besser und wirkt viel überzeugender, als wenn Sie einfach schreiben „Der Kurs wurde im Bildungswerk Hinterstede mit großem Erfolg durchgeführt". Überhaupt gilt: Evaluieren Sie, was das Zeug hält! Und dann machen Sie's publik! Jede Zahl ist wertvoll. Leider.

Weitere „Glaubwürdigkeitsbeweise" sind Zitate zufriedener Kunden. Sie müssen dazu allerdings die Leute um Erlaubnis bitten (natürlich nur, wenn Sie sie namentlich erwähnen). Manche Kunden finden es sogar toll, wenn sie mit Link unter dem Zitat auf Ihrer Website erwähnt werden. Sie sollten also den Mut haben, sie einfach zu fragen.

Und wenn Sie Ihren Kurs bislang noch gar nicht durchgeführt haben, sondern noch immer auf Ihre erste Chance warten? Dann interviewen Sie bekannte Menschen aus Ihrer Umgebung und bitten Sie um eine Einschätzung zu Ihrem Konzept: „Wie finden Sie die Idee, hier in der Volkshochschule Kleinwedel ein psychologisch fundiertes Schlaftraining durchzuführen, bei dem die Teilnehmer lernen, endlich wieder durchzuschlafen?" Er wird es phantastisch finden ... Und sich gleich mit.

Das klingt billig, ich weiß. Aber es ist keine Lüge und kein Verrat und tut niemandem weh. Der regionale Prominente fühlt sich geehrt (vielleicht können Sie ihn sogar als Paten gewinnen – so was kommt auch immer gut öffentlichkeitswirksam daher für beide Seiten), und in den Augen der potenziellen Seminarteilnehmer erfährt Ihre Veranstaltung eine zusätzliche Aufwertung durch diese prominenten Weihen. Und Sie wirken automatisch noch kompetenter.

Wen könnten Sie als Glaubwürdigkeitszeugen für Zitate gewinnen?

....

....

....

....

(kleine Denk- und Notiz-Pause)

Und wenn Ihr Kurs bereits stattgefunden hat? Dann gehört auch das der Welt mitgeteilt, getreu dem Marketing-Motto: „Tue Gutes und rede darüber!" Es gibt sooo viele gute Gesundheitspsychologen, die tolle Jobs machen, aber vor lauter Arbeit nichts davon nach außen kommunizieren. Und dann wundern sie sich, dass Folgeaufträge rar sind. Dabei wäre es ein minimaler Aufwand, ein paar Teilnehmerstimmen zusammenzufassen und zu einem Artikel für die regionale Presse aufzubereiten.

 Also: Sprechen und schreiben Sie über das, was Sie tun! Es einfach „nur" zu tun, ist zu wenig, wenn Ihr Geschäft auch morgen noch existieren soll.

Auch bei diesen Artikeln gilt – genau wie im Akquisegespräch: So konkret wie möglich! Beispiel geben, in die Töpfe schauen lassen, eine echte Schnupperprobe gewähren! Wenn Sie Ihr Konzept irgendwo vorstellen sollen, nutzen Sie das als Chance für einen Mini-Workshop! Ich setze zum Beispiel in jedem Vortrag und jedem Seminar kleine Schokoladen-Päckchen ein, auf denen auf Französisch „danke" steht, Sie wissen schon. Das ist eines meiner Markenzeichen. Ich finde ja, „danke" wird in deutschen Unternehmen viel zu selten gesagt.

Jedenfalls kommt diese Schokolade natürlich auch in Akquisegesprächen zum Einsatz (wie gesagt, die sind sehr sehr selten geworden, aber früher musste ich so was ja schon mal machen, auf Bitten der späteren Kunden). Außerdem mache ich auch in diesen Präsentationen, wo die Herren Vorstände im schwarzen Anzug sitzen, eine kleine Bewegungsübung – und die machen mit! Und es gibt eine Beamer-Präsentation, die Folien zudem im spiralgebundenen Hefter und eine CareCard zum In-die-Hand-Nehmen für jede/n Teilnehmer/in der Präsentation.

Und ganz wichtig finde ich auch, dass wir Gesundheitspsychologen das Thema Gesundheit vorleben. Ich lasse vor einem Vortrag zum Beispiel erst einmal die Fenster öffnen, wenn ich in den Raum komme und merke: „Die sitzen hier schon seit 3 Stunden, der Sauerstoffgehalt ist gleich

Null." Oder der Wunsch nach einer Flasche Wasser – auch damit kann man zeigen: Gesundheit ist nicht bloß Gerede für mich, das Thema ist mir Ernst. Übrigens mache ich aber auch kein Hehl daraus, dass ich seit über fünf Jahren eine Zigarette pro Monat rauche – mit Genuss. Die Suchtexperten unter Ihnen werden aufschreien, aber das ist tatsächlich mein Weg, um Nichtraucherin zu bleiben.

Ich rede das Rauchen in meinen Veranstaltungen nicht schön, um Himmels willen. Aber wichtig ist mir auch, dass keine „Schmuddelkinder-Ecken" aufgemacht werden (die Dicken, die Faulen, die Bewegungsunwilligen, die Raucher, die Workoholics). Selber vorleben, das ist das Eine. Aber das muss nicht heißen, dass wir nur als fehlerlose Muster-Vorzeige-Menschen mit einem BMI unter 22 antreten dürfen. Finde ich ...

Ist Wochenendarbeit gesund? Ihre Fortbildung findet vielleicht an einem Wochenende statt. Aber ob das auch heißt, dass Sie selber am Wochenende für Kunden arbeiten sollen? Ich persönlich lehne solche Aufträge ab (auch Freitag-Abend-Veranstaltungen), mit genau dieser Begründung: „Ich brauche ein komplettes Wochenende für meine Erholung – und ich vermute, den Menschen in Ihrem Betrieb geht es ähnlich."

Und noch eine subjektive Erfahrung, die auch wieder zur Positionierung „spitz statt breit" passt: Verkaufen Sie Gesundheit nicht im Megapack – zumindest nicht als freiberufliche Selbständige, die eben erst gegründet hat. Überlassen Sie diese Spielwiese den großen Gesellschaften oder Trainer-Teams. Man wirkt einfach unglaubwürdig, wenn man dem potenziellen Kunden zu verstehen gibt: „Ich kann alles. Ich mache Ihnen Nichtraucher-Training, Krisenprophylaxe, die Ausbildung Psychischer Ersthelfer, Krisenintervention und Resilienztraining. Und demographie-fit mache ich Ihren Betrieb auch noch, denn obendrein habe ich noch eine Ausbildung als Demographie-Beraterin."

Dazu folgt gleich noch als Abschreckung ein Fallbeispiel. Aber mal angenommen, der Kunde würde tatsächlich „Ja" sagen zu Ihrem Angebot mit all seinen Bausteinen – dann wären Sie ja plötzlich nur noch für diesen einen Kunden tätig. Das wäre gar nicht gut für die Stabilität Ihres Ladens.

Als ich noch nichts von „spitz statt breit" wusste, schrieb ich alle großen Unternehmen an, die in räumlicher Nähe zu meiner Wohnung ihren Sitz hatten. Das war zugleich mein Aufhänger: „Hey, wir ticken doch ähnlich, denn wir haben uns im selben Viertel angesiedelt – wie wär's, wenn ich mal auf einen Sprung vorbeikäme und Ihnen meine Konzepte (! Plural) zur Gesundheitsförderung vorstelle?"

Da ich das charmant formulierte, erhielt ich tatsächlich z.B. eine Einladung von einem internationalen Pharma-Konzern, der zufällig um die Ecke eine Niederlassung hatte. Meine Präsentation war superklasse – aber mein Ansatz à la „wir nehmen ein Selbstsicherheitstraining und ein Konflikttraining und eins für gesunde Kommunikation und eins für gesunde Motivationskompetenz" war viel zu breit, um überzeugend zu sein. Ich hatte gezeigt, was ich konnte: Konzepte (!) präsentieren ...

Ähnliche Schlappen hatte ich schon gegen Ende meines Studiums erlebt: Ich hatte ein „Programm zur Stressbewältigung und Gesundheitsförderung" mit Cassette und Teilnehmer-Materialien entwickelt. Das Konzept schickte ich an 15 große Kölner Unternehmen – ohne Erfolg (einzig die Lufthansa wollte mich einfliegen lassen, weil sie es so süß fand). Der Grund: Es bestand aus 7 Stunden Seminar, und zwar 2 Stunden Stressbewältigung mit Lazarus und Antonovsky, 1 Stunde Ernährungstipps, 1 Stunde Bewegungstipps, 1 Stunde Konfliktbewältigungstipps, 1 Stunde Nichtrauchertipps und 1 Stunde Reflexion ... wie ein bunter Salat, von allem etwas. So etwas kann nicht klappen ...

KURZ UND KNACKIG:

- Kostenlose Akquisegespräche gehören am Anfang dazu.
- Nutzen, Nutzen, Nutzen. Und emotionales Zusatzplus.
- Zahlen machen Ihr Angebot glaubwürdiger.
- Leben Sie es vor (z.B. keine Wochenend-Arbeit)!

4 Das Thema Gesundheit verkaufen

Warum?
Gesundheit ist kein Produkt zum Anfassen.
Man muss es erklären.

➢ im Akquisegespräch zeigen, was Sie können:
= Mini-Seminar,
auch wenn da fünf schwarze Anzüge hocken

  o seriöse Vorbereitung zeigen:
    ▪ 1 (!) Thema für diesen (!) Kunden
    ▪ Präsentation, Mappen, Giveaway, Materialien aus dem Seminar, Taktiles!
    ▪ konkretes (!) Einzel(!)konzept

  o Emotionen + Zahlen transportieren

  o **Nutzen, Nutzen, Nutzen** kommunizieren
    (aber Erwartungen GANZ NIEDRIG halten!!!)

  o Gesundheit glaubwürdig verkörpern
    ▪ „Ich (!) brauche Wasser, Frischluft ...“

➢ Um überhaupt zum Akquisegespräch (nur am Anfang Ihrer Karriere) eingeladen zu werden:

  o Vorträge halten
  o höchst informative Website bereit halten
  o und noch mal: Ihr Buch!

>>> **Zeigen Sie Ihre Kompetenz + Persönlichkeit + Emotion!**

5 Wie Sie Ihre Preise durchsetzen

> *„Ich bin dem Kunden bestimmt zu teuer!!"*

Wie viel Geld ist „anständig"?

Die spontane Antwort auf diese Frage lautet: „Im Gesundheitsbereich: WENIG!" Leider. Vor allem wenn man bedenkt, was Silvester und an Geburtstagen so an Wünschen geäußert wird. Aber die privaten, offiziellen und betrieblichen Töpfe für Prävention sind bei weitem nicht so voll, wie man meinen sollte, wenn man von den Lippenbekenntnissen bei Feierlichkeiten ausgeht. Aber wir wollen nicht jammern, schließlich haben wir uns ja selber dafür entschieden. Und das nicht wegen des Geldes.

Wenn Sie aufgefordert werden, ein Angebot abzugeben, dann ist das schon einer sehr wichtiger erster Schritt, und Sie dürfen sich schon einmal freuen. Und jetzt aber bitte nicht denken: „Ich setze das Honorar so niedrig an, dass die gar nicht anders können als ja zu sagen!" Am Anfang der Selbständigkeit will man unbedingt loslegen. Und man ist bereit, für fast jedes Honorar zu arbeiten. Man denkt sich: „Ach, das wird schon noch besser werden." Grundfalsch.

 Die ersten drei Seminare für ein Unternehmen verstand ich selber als Pilot-Seminare und bot sie daher zu einem Schnupper-Preis an. Als das Unternehmen dann eine ganze Serie orderte, setzte ich hierfür das Dreifache an (für Diplom-Psychologen damals noch immer super-günstig; ich glaube, 1.400 Euro für 2 Tage). Das sorgte für extremen Ärger, und beinahe wäre diese Kundenbeziehung in die Brüche gegangen – so sauer war der Einkäufer, aber auch ich.

Das Problem war: Ich hatte vergessen, die Schnupperangebote als solche kenntlich zu machen!

Das Honorarlevel, mit dem Sie starten, werden Sie so schnell nicht verlassen können. Sie können es höchstens von Jahr zu Jahr sachte anheben und darauf bauen, dass Ihre Kunden das als angemessenen Inflationsausgleich betrachten. Mit Ihrem Eintritt in den Markt bestimmen Sie: Sind Sie ein Billiganbieter oder gehören Sie zur DeLuxe-Klasse? Beide Entscheidungen können Sinn machen. Mit beiden kann man seinen Lebensunterhalt bestreiten, aber jede Entscheidung hat Konsequenzen.

Der Billiganbieter mit dem Pauschal-Angebot wird viele Tage pro Jahr arbeiten müssen. Dafür braucht er vielleicht nie wieder Konzepte zu entwickeln, weil er die von der Stange für die nächsten zwanzig Jahre problemlos verwenden kann. Das ist legitim. Meine Empfehlung aber an diejenigen, die sich für diesen Weg entscheiden: Achten Sie insbesondere auf Ihre Lebensbalance! Da macht's ja die Masse. Das ist anstrengend. Fragen Sie sich ab und zu, ob Sie so bis zur Rente leben wollen / können.

Der Luxus-Anbieter arbeitet nach außen hin nur wenig Tage pro Jahr. Aber um auf einen grünen Zweig zu kommen, müssen die entsprechend hoch dotiert sein. Das „DeLuxe" kommt aber auch nicht von ungefähr. Es setzt sich wohl niemand hin und sagt am Schreibtisch zu sich selbst: „So, ich starte mit 2.000 Euro am Tag, darunter trete ich gar nicht erst an." Das sagt man sich vielleicht später (wenn man es sich eben leisten kann), aber am Anfang funktioniert das noch nicht. Erst muss die Nische gefunden und mit Futter ausgelegt sein.

Vielleicht denken Sie jetzt, ich drücke mich davor, Ihnen konkrete Zahlen zu verraten. Irrtum. Hier kommen sie ... Also, ich habe ja, wie gesagt, nichts gegen die Volkshochschule. Da arbeiten Sie natürlich für deren Honorare. Um Erfahrungen zu sammeln. Aber sobald dann der erste „richtige" Auftrag kommt – egal ob von Unternehmen oder Privatpersonen –, nehmen Sie auch Ihr „richtiges" Honorar.

Bei Seminaren für Unternehmen würde ich sagen: Starten Sie nicht unter 600 Euro am Tag. Und bei Privatklienten: Mindestens 70 Euro pro Stunde. Das sind in meinen Augen die absoluten Untergrenzen. Und je mehr Bücher Sie zu Ihrem Thema geschrieben haben, desto mehr steigern Sie.

Aber leichter tun Sie sich, wie gesagt, wenn Sie direkt höher einsteigen (und lieber noch länger auf den ersten „richtigen" Auftrag warten und in dieser Wartezeit eifrig Öffentlichkeitsarbeit betreiben: Bücher schreiben, Interviews für Zeitschriften geben usw. – all das steigert ja Ihren Marktwert!).

Was für Sie noch „anständig" ist, überlasse ich allerdings tatsächlich Ihnen. Wenn Sie den Wert Ihrer Leistungen vor sich und den Kunden rechtfertigen rechtfertigen können, dann ist der auch angemessen. Ein bisschen hängt das Honorar auch davon ab, wer Ihre Kunden sind. Wenn Sie ausschließlich Kurse für Krankenkassen und öffentliche Bildungsanbieter geben, dann tut ein Unternehmen sich schwer, Ihnen ein deutlich höheres Honorar zu zahlen und beispielsweise 1.000 Euro am Tag auf den Tisch zu legen. Die können ja dann argumentieren: „Normalerweise arbeiten Sie doch für 500, also stellen Sie sich doch nicht so an."

Vergleichen Sie sich nicht mit anderen. Benchmarks machen Sie bloß zum Nachläufer. Es macht viel mehr Spaß, kreativ zu sein, eigene Märkte zu schaffen und zum Vordenker zu werden. Dann braucht man nicht nach rechts und links zu schauen, um sich zu orientieren. Man weiß selber, wer man ist. Der Imitator tut sich auch viel schwerer mit dem Argumentieren vor dem Kunden als der Kreative. Das glauben Sie sicher.

Der Wert, den Ihre Leistung für den Kunden hat, kann man nur selten in Geld messen (lassen Sie sich bloß nicht dazu verführen, den Erfolg Ihrer Maßnahme an so obskuren Daten wie der Fehlzeitenquote bemessen zu lassen; das wäre so was von unseriös – die Quote hängt von tausend Faktoren ab, von denen Sie maximal einer sind). Aber er ist in jedem Fall unabhängig von der Höhe Ihres Existenzminimums „plus noch ein bisschen was drauf für die Rente".

Ich schreibe das ein bisschen barsch, weil ich es immer wieder in Ratgeberbüchern gelesen habe („Überlegen Sie, wie viel Sie zum Leben brauchen und rechnen Sie noch was für die Rente drauf; dann überlegen Sie, wie viele Tage pro Jahr Sie arbeiten können – und schon haben Sie Ihren Tagessatz") – das ist Mumpitz. Was kann denn der Kunde für Ihren Lebensstil? Ich finde, da ist das Pferd von hinten aufgezäumt. Es geht nicht darum, was Sie zum Leben brauchen, sondern wie viel der Kunde mit Ihrer Leistung anfangen kann. Und wenn Sie das Betriebsklima in seinem Unternehmen verbessern, so dass die Leute wieder gern zur Arbeit kommen, dann ist das unbezahlbar.

Also, fragen Sie sich nicht: Was ist meine Arbeit wert? Sondern fragen Sie: Was ist meine Arbeit für den Kunden wert (in meinen Augen als Externer, einfach so geschätzt)? Und dann probieren Sie mal, ob der Kunde das auch so sieht, sprich: Ihr Angebot annimmt. Dann wissen Sie: Sie lagen mindestens richtig (eher ist Ihre Leistung für den Kunden noch wertvoller). Und über die Jahre pendelt sich dann Ihr Honorar ein bei einem Satz, den Sie gut vor sich selbst und anderen vertreten können.

Welches Honorar halten Sie für sich für angemessen? Warum?

....

....

....

....

(kleine Denk- und Notiz-Pause)

Und natürlich hat man auch weiterhin Lieblingskunden, für die man aus Sympathie doch noch Ausnahmen macht (ganz klamme Städte, ganz bemühte Langzeitarbeitslose oder ganz liebe Personalentwicklerinnen) und für die Hälfte antritt. Oder sogar ganz ehrenamtlich, weil man sich einer guten Sache oder einem netten guten Menschen innerlich verpflichtet fühlt. Aber das hängt man ja nicht an die große Glocke (und die Kunden tun das erst recht nicht). Das ist ja auch nicht die Regel, sondern die Ausnahme, die man vor sich selbst rechtfertigen kann: In jeder guten Gemeinschaft tragen die Stärkeren die Schwachen mit.

Wie überzeugen Sie den Kunden vom Preis?

Die spontane Entscheidung „ich gehöre zur DeLuxe-Klasse" fällt den meisten Gesundheitspsychologen (bzw. in spe) schwer. Wir sind von unserer Ausbildung her eher bodenständig. Aber trotzdem würden wir gern gutes Geld verdienen. Das geht glaubwürdig nur, wenn Sie die nun schon oft erwähnte Nischenstrategie „spitz statt breit" befolgen. Wenn Sie etwas anbieten, das sonst keiner hat; und wenn Sie Ihre Kompetenz unter Beweis stellen durch

- Bücher
- Artikel
- eine aussagekräftige Website
- Domainnamen (das ist ein Pseudo-Kompetenzbeweis, aber er wirkt trotzdem ...) und durch
- einschlägige Erfahrungen bei anderen Kunden

dann wird der Kunde erfahrungsgemäß auch Ihre höheren Honorare akzeptieren. Schließlich holt er sich ja auch eine Spezialistin ins Haus. Und beim Fachmann kostet's eben mehr als im Discounter. Das weiß jede/r. Versuchen Sie also zu belegen, dass niemand außer Ihnen der Experte für das bestimmte Problem Ihres Kunden ist. Das beginnt schon dabei, dass der Name des Kunden vorn auf dem Angebotsdeckblatt steht und auch im Text noch einmal auftaucht.

Menschen lesen ihren Namen gern. Sie wollen als Individuen behandelt werden. Mit Ihrem Angebot befriedigen Sie also schon einmal diese Grundbedürfnisse. Und auch für Sie selbst ist es sinnvoll, kundenspezifische Besonderheiten ins Angebot mit hinein zu schreiben. Erstens gehen diese Infos dann nicht verloren, und zweitens können Sie selber z.B. vor einem Seminar bei einem kurzen Blick ins Angebot sehen: „Achja, die hatten vor 2 Monaten eine Umstrukturierung, darauf gehe ich gleich ein."

Ein Buch schreiben, Vorträge halten, Öffentlichkeitsarbeit betreiben – das alles kostet Zeit. Aber das können und dürfen Sie nicht Ihrem Kunden als Argument vorhalten. Dem Kunden ist es nämlich eigentlich egal, dass Sie ein Buch veröffentlicht haben (und vor allem, wie lange das gedauert hat). Für ihn zählt nur Ihr dadurch nachgewiesener Expertenstatus – und den ist er auch bereit zu zahlen.

Das Hauptargument schlechthin für jeden Preis ist wieder mal:

Der Nutzen.

Den schreiben Sie im Fettdruck oben drüber (oder haben ihn schon im Titel, in Ihrem Slogan, Ihrem Logo und sonst überall stehen). Und im Text walzen Sie ihn aus. Ich weiß, dass ich mich da wiederhole, aber das ist einfach das Einzige, was zählt: Was hat der Kunde davon, bei Ihnen einzukaufen? Schön, wenn Sie einige Zahlen vorweisen können. Dass die Vertrauen wecken und Glaubwürdigkeit verströmen, haben wir oben schon festgestellt.

Arbeiten Sie auch bei Ihrer Präsentation (und im Angebot, siehe oben) mit dem Prinzip der Verknappung, indem Sie zum Beispiel die Zahl der zur Verfügung stehenden Termine pro Kunde begrenzen. Und Sie werden sehen: Ruckzuck ist das keine Masche mehr, sondern Sie sind tatsächlich bis weit ins nächste Jahr (oder sogar fürs ganze) ausgebucht! Ich arbeite zum Beispiel inzwischen nur noch maximal 3x pro Jahr für denselben Kunden. Das verknappt „mich" und stabilisiert mein Geschäft.

Es ist auch subjektiv ein sehr sehr gutes Gefühl, wenn Sie mit der Überzeugung ins Gespräch (ob Präsentationsgespräch oder Telefonat) gehen: „Ich bin auf diesen Auftrag nicht angewiesen. Mein Kalender ist eh schon voll." Vielleicht schreiben Sie sich einen Zettel, der neben das Telefon kommt: „Da draußen warten tausend Kunden."

Schicken Sie Ihr Angebot, bevor Sie ins Akquisegespräch gehen! Das erspart Ihnen das leidige Thema Honorarverhandlungen (mein Tipp: allerhöchstens Mengenrabatt geben und höchstens 5% nachlassen). Dass das trotzdem keine Garantie ist, später vor unliebsamen Überraschungen gefeit zu sein, lesen Sie im Fallbeispiel unten. Aber in aller Regel sind Kunden im Gesundheitssektor redlich (ha! endlich mal ein Vorteil!); sie halten sich an Absprachen und zahlen pünktlich. Ich hatte zumindest in 12 Jahren noch nie einen säumigen Kunden.

Sogar beim Verkauf an Privatkunden (meine Bücher versende ich ja auch an „Otto Normalverbraucher") bin ich noch nie auf meinen Ausgaben hocken geblieben. Das ist, habe ich mir sagen lassen, für den Internethandel sehr ungewöhnlich. Ich erkläre mir das mit der „Redlichkeit" des Themas Gesundheit: Da wollen die Leute nicht vor sich selbst als Schwein da stehen.

Was, wenn der Kunde nicht will?

Es kann immer mal passieren, dass Sie sich verkalkulieren. Oder dass ein Kunde es sich aus anderen als finanziellen Gründen anders überlegt. Das kommt vor. Vielleicht passt ihm seine Nase nicht oder Ihr Angebot war ihm wirklich zu teuer. Viel wahrscheinlicher ist aber, dass – jetzt bezogen auf Unternehmen – es innerbetriebliche Reibereien und Grabenkämpfe gibt, die rein gar nichts mit Ihnen zu tun haben. Entscheidungen für oder gegen ein Seminarkonzept sind oft politischer Natur.

Und wenn Sie sich bei Privatpersonen eine Abfuhr einhandeln, sollten Sie das genau so sehen: Vielleicht haben Sie Ihren Gesprächspartner an seine kleine verhasste Schwester erinnert. Oder an die Chemielehrerin. Oder er hat mit einem anderen Berater ein noch tolleres Gespräch geführt. Oder er ist krank geworden und hat gerade andere Baustellen. Es gibt tausend mögliche Erklärungen.

Das muss nicht an Ihnen liegen!

Meine Erfahrung mit einem DeLuxe-Unternehmen aus der Nah-rungsmittelbranche ... sicher nicht verallgemeinerbar, aber vielleicht können wir alle etwas daraus lernen.

Da sagte 2 Wochen nach (!) einem Akquisegespräch (sprich: mein schriftliches Angebot samt Konditionen hatte schon lange vorgelegen) der Personalleiter zu mir: „Ich biete Ihnen 2.000 pro Tag. Ich finde, das ist angemessen. Sie machen das ja schließlich regelmäßig. Also, 2.000 Euro am Tag reichen."

Ich war sprachlos. Immerhin war ich diesem Kunden bereits bei der Unterbreitung des Angebots sehr entgegen gekommen, weil ich – privat – sein Produkt einfach liiiiiebe (ja, und ich kaufe es auch weiterhin bzw. lasse es mir schenken, weil es einfach so gut schmeckt und keine andere Firma das so exzellent hin bekommt; und das Produkt kann ja nichts für den Personalchef ...).

Ich hätte argumentieren sollen, dass er ja meine Honorare schon vorher gekannt hat; dass seine DeLuxe-Produkte ebenfalls deutlich mehr kosten als die der Konkurrenz – obwohl sie ja ebenfalls „regelmäßig" produziert werden – und viel mehr als die Rohstoffe nahelegen (es ist eben eine Marke); und dass ein Fußballspieler wie Ronaldo ebenfalls schon oft und „regelmä-ßig" Fußball gespielt hat und trotzdem sein Geld verlangt ... Ich war zu platt. Sowas war mir noch nie passiert.

Das seltsame „Angebot" habe ich natürlich abgelehnt, ich habe schließlich genug Aufträge. Aber geärgert habe ich mich den-noch: Für diesen Kunden hatte ich schon 3x2 Tage fest geblockt – also anderen Kunden damit die Möglichkeit genommen, dass ich an dem Tag für sie hätte tätig werden können; wenn man ausgebucht ist, ist das natürlich blöd, so viele Tage zu blocken. Das passiert mir nicht wieder, zumindest nicht in dem Ausmaß.

Letztlich müssen wir uns immer darauf verlassen können, dass der Kunde es gut mit uns meint. Wenn wir nicht mehr ans Gute glauben, ist der Job nichts für uns ... Aber ich war wohl ein bisschen ZU gutgläubig gewesen.

Trösten Sie sich damit, dass es noch viele andere Kunden gibt, die deutlich besser zu Ihnen passen (vielleicht auch in Honorar-Hinsicht ...). Aber wenn es wieder und wieder – Richtschnur: 3x hinter einander – passiert, dass Sie eingeladen werden zu einem Akquisegespräch und ohne Auftrag von dannen ziehen müssen, dann sollten Sie Ihre Preispolitik überdenken. Es muss ja nicht heißen, dass Ihr Angebot zu teuer ist. Ich behaupte, es liegt eher daran, dass Ihr Angebot noch

- zu wenig den Nutzen herausssstellt
- zu wenig konkret formuliert ist
- zu wenig auf den Kunden zugeschnitten formuliert ist
- zu wenig „spitz" formuliert ist (was ist Ihr Besonderes?)
- zu wenig durch rufbegründende Öffentlichkeitsarbeit lanciert ist

Sprich: Überprüfen Sie Ihr Angebot und Ihre Präsentation darauf, ob Sie wirklich individuelle, kreative Konzepte haben, die Sie mit Herzblut vertreten können (und die nicht durch leere Worthülsen wie „kundenspezifisch angepasst" aufgebläht sind, sondern stattdessen tatsächlich erkennbar kundenspezifisch angepasst). Und ob Sie schon genug dafür getan haben, dass Ihr Verweigerungskunde weiß: „Beim Thema ‚Schlafstörungen bei Schichtarbeit in der Pharmabranche' führt kein Weg an Herrn XY / Frau YZ vorbei."

 Nehmen Sie Ablehnungen als Anlass, Ihre Öffentlichkeitsarbeit noch stärker voranzutreiben.

KURZ UND KNACKIG:

- Wenn Sie „billig" einsteigen, werden Sie „billig" bleiben.
- Machen Sie Schnupperangebote als solche kenntlich!
- Nutzen, Nutzen, Nutzen – und Bekanntheit. Das verkauft.
- Bei zu wenig Aufträgen: PR-Arbeit vorantreiben!

5   Preise durchsetzen

Warum?

Um den Marktwert zu stabilisieren
(und das Ego sowie das Geschäft zu stärken ...).

Sich klar machen: Wie hoch steige ich den Markt ein?

>   << billig bleibt billig! Erhöhungen sind schwierig!
>   << lieber länger auf den 1. richtigen Auftrag warten

➤ Ausweg:
    Schnupperangebote
    << als solche kennzeichnen! bunt und fett!!!

➤ absolutes Minimum:
    o 600 Euro pro Tag / 70 Euro pro Stunde
    o mit jedem weiteren Buch und
    o mit jedem weiteren Kunden steigt Ihr Honorar

➤ Angebote mit Honorarvorstellen VOR dem Akquise-
    gespräch verschicken (vielleicht hat sich der Besuch ja
    dann schon erübrigt) – das erspart Ihnen Honorarver-
    handlungen! Geben Sie höchstens Mengenrabatt (5%)

>>> **Zeigen Sie den Nutzen und Ihren Marktwert!**

Und falls Letzteres noch zu gering ausgeprägt ist (mehr als 3
folgenlose Akquisegespräche hinter einander):
Verstärken Sie Ihre Öffentlichkeitsarbeit!

6   Wie Sie Ihre Kunden binden

„Ich kann doch den Kunden nicht hinterherlaufen!!"

Wie machen Sie aus Einzelkunden Dauerkunden?

Was ist schöner als ein Kunde? Zwei Kunden. Oder ein Dauerkunde. Die meisten Existenzgründer, die ich kenne, geben die erste Antwort: Sie wollen so schnell wie möglich so viele Kunden wie möglich. Das ist auch richtig. Aber manchmal vergisst man im Neu-Kunden-Rausch die Pflege der „alten" Kunden. Dabei gibt es unendlich viele Statistiken, die sich in einer Grundaussage gleichen: Es ist mindestens viermal aufwändiger, einen neuen Kunden zu akquirieren, als einen „alten" Kunden zum erneuten Einkauf zu bewegen.

Das funktioniert aber nur, wenn Sie es irgendwie schaffen, den Kunden an sich zu binden und im ersten Schritt: ihn an Sie zu erinnern! Einfach so anrufen und fragen „Na, wie geht's bei Ihnen? Drückt Sie gerade irgendwo der Schuh?", wie es von manchen Ratgebern für Selbständige empfohlen wird, ist nichts für mich. Da fühle ich mich doof. Eben so, als wollte ich dem Kunden etwas aufschwatzen und ihm nachlaufen.

Wenn Sie bis hierher gelesen haben, wissen Sie Sie schon: Jemandem nachlaufen, das ist nicht meine Sache. Und anrufen und bei der Arbeit stören (!) schon mal gar nicht. Ich bin eher ein Fan davon, den Kunden kommen zu lassen. Aber anlocken, das kann ich bzw. das können Sie auch: Bieten Sie dem Kunden unaufdringliche (!) Information, die ihn neugierig macht. Ich habe zum Beispiel, als mein Buch „Führung und Gesundheit" erschien, 200 handgeschriebene Postkarten versandt. Vielleicht haben Sie auch eine bekommen?

Auf der Vorderseite standen nette Grüße auf sonnengelbem Untergrund („Das wünsche ich Dir: Sonne im Herzen ..." etc.) im Layout des Buches. Und auf der Rückseite war in kleiner Größe das Buchcover abgedruckt mitsamt der bibliographischen Angaben plus Hinweis auf www.gesund-fuehren.de. Es war Hochsommer, und das Schreiben auf der Terrasse am Waldrand war ein echtes Vergnügen. Ich erhielt viele nette Dankeschöns (und natürlich Buchbestellungen) auf diese Aktion hin.

Es gibt etliche „Kundenbindungsinstrumente" – fürchterliches Wort, eigentlich. Das klingt so technisch; als wäre jeder zwischenmenschliche Kontakt im Berufsleben zweckbestimmt. Ich denke mal, Sie sehen das anders. Bleiben Sie dabei. „Kundenerinnerungshilfen" klingt auch nicht viel besser, aber das trifft's schon eher. Jedenfalls kann es Sinn machen, die einzelnen Möglichkeiten zu kennen. Und dann suchen Sie sich das aus, was zu Ihnen passt.

Die Klassiker sind:

> Newsletter / Infobrief / Mailings per eMail oder Briefpost
> Weihnachtsgrüße
> Anrufe ohne Anlasse
> Werbemittel (vom Kuli über Schlüsselanhänger bis zum T-Shirt)
> Podcasts (Audio-Dateien, die z.B. wöchentlich erscheinen)
> und in meinem Fall: die CareCards fürs Portemonnaie

Wie werden Kunden zu Empfehlern?

Die meisten Gesundheitspsychologen, die ich kenne, tun sich schwer damit, Kunden um ein Empfehlungszitat zu bitten. Ich nehme mich da nicht aus: Wir wollen dem Kunden nicht lästig fallen. Schließlich ist das ja Arbeit, so ein Zitat zu schreiben. In jedem Fall ist es ein großes „Geschenk", um das wir da bitten. Dabei sind die Skrupel meistens unbegründet. Manche Kunden fühlten sich sogar dadurch geehrt, dass ich sie um eine Zitatspende gebeten habe. Das hat mich wiederum verwundert.

Manchmal lasse ich auf Seminaren oder Vorträgen ein „goldenes Buch" (so heißt es; eigentlich ist es eine A6-Kladde mit Spiralbindung) ausliegen, in dem zufriedene Kunden früherer Veranstaltungen nette Sprüche hinterlassen haben. Vorne steht drin – und ich sage das auch extra noch mal dazu –, dass derjenige, der sich darin verewigt, mir damit zugleich die Erlaubnis gibt, sein Zitat mit Namensangabe zu veröffentlichen. Manche haben auch ein Gästebuch auf ihrer Website eingerichtet, wo „zitatspendenwillige" Menschen etwas für alle sichtbar hinterlassen können.

Eine unaufdringlichere Variante, den Kunden das Weiterempfehlen zu erleichtern: Seien Sie großzügig mit Giveaways! Es muss ja nicht der Werbemittel-Klassiker sein: Kugelschreiber mit Aufdruck – wobei es auch davon inzwischen sehr nette und hochwertige gibt. Von bedrucktem Klopapier würde ich Ihnen auch abraten (wer hat sich das bloß ausgedacht). Aber Schreibblöcke oder USB-Sticks finde ich z.B. ganz sinnvoll.

Mein Klassiker-Giveaway sind die oben erwähnten CareCards (auch wenn die schweineteuer sind, aber sie landen nicht einfach im Müll sondern werden liebevoll eingesteckt, oft tatsächlich ins Portemonnaie) und Postkarten zu meinen Büchern – letztere sollen natürlich nicht als plumpe Werbung daher kommen, sondern darauf stehen schöne Sprüche, mit denen der Absender dem Empfänger eine Freude machen kann.

Mir persönlich sagen diese unaufdringlicheren Formen des Empfehlungs-Marketings mehr zu als das offensive Bitten um Zitate. Noch immer ... Und dazu gehört für mich auch (ich werde ja ständig weiter empfohlen): Ein kleines Dankeschön – meistens ein Buch – an den Empfehler!

Wen könnten Sie wie um eine Zitatspende bitten?

....

....

....

(kleine Denk- und Notiz-Pause)

Wie halten Sie Ihre Kunden auf dem Laufenden?

Informationen aus Ihrem Unternehmen sind für Ihre Kunden spannend – sofern sie spannend aufbereitet sind. Und das heißt auch hier wieder: Sie müssen einen echten Nutzen bringen. Natürlich können Sie z.B. in einem Podcast oder einem Infoletter auch ein bisschen Werbung einstreuen (etwa wenn ein neues Buch erschienen ist), aber dann sollte auch diese Werbung für Ihren Kunden einen Nutzen haben: Veröffentlichen Sie beispielsweise kostenlos ein Kapitel des Buches in Ihrem Infobrief, oder lesen Sie im Podcast daraus vor. Wenn es sich um praktische, gut umsetzbare Tipps handelt, wird der Kunde vielleicht sogar Ihr Buch oder andere Angebote einkaufen.

Nach meiner Erfahrung ist der Infoletter per eMail das genialste Instrument zur Kundenbindung. Er erscheint zum Beispiel jeden Monat oder alle 2 Monate (vorher festlegen, nicht ständig ändern) und beinhaltet Neuigkeiten aus Ihrem Hause. Wichtig ist, dass der Newsletter-Empfänger explizit dem Empfang Ihres Newsletters zugestimmt hat. Man darf in Deutschland nicht einfach anderer Leuts eMail-Postfächer zumüllen, und das ist auch richtig so. Darauf sollten Sie also unbedingt achten!

Podcasts (episodisch erscheinende Hörbeiträge, die zum Beispiel wöchentlich erscheinen und per RSS-Feed oder itunes abonniert werden können; kostenlos!) finde ich auch ganz nett, allerdings ist, zumindest bei mir, der Aufwand deutlich höher als beim Newsletter. Für beides – Newsletter wie Podcasts – gibt es gute Anleitungen im Internet, natürlich auch gute Bücher von fähigen Menschen.

Besonders hilfreich fand ich „Planen und Erstellen eines wirksamen E-Mail-Newsletters" von www.unternehmenskick.de – die geben auch selber einen echt tollen Newsletter für Selbständige heraus, den ich natürlich auch abonniert habe. Unbedingt empfehlenswert! Auch zum Thema „Erstellen einer verkaufsorientierten Website" gibt es dort gute Infos, u.a. einen Selbstlernkurs. Schauen Sie mal rein! Ich gerate echt ins Schwärmen, wenn ich so von deren Produkten erzähle.

Wenn es irgendetwas Besonderes gibt, versende ich Briefe dazu – mit Normalporto – mit der gelben Post. Zum Beispiel einen Jahresrückblick, der erscheint bei mir meist zu Beginn der Adventszeit, verbunden mit den besten Wünschen für die schönste Jahreszeit (ja, ich bin ein Weihnachts-fan). Manche Kollegen versenden auch statt Weihnachtspost einen Ad-ventskalender oder, ganz witzig, einen Januar-Kalender, wo man an je-dem Tag ein Türchen öffnen kann oder natürlich Schokolade entdeckt.

Mit solchen Aktionen und Informationen geben Sie Ihren Kunden das Signal: „Willkommen im Club! Sie gehören dazu!" Abgesehen davon, dass man über die Jahre seine Kunden ja wirklich lieb gewinnt. Es sind oft so nette Menschen dabei, dass das Gefühl der Verbundenheit schon ein gutes Stück übers Geschäftliche hinausgeht.

Welche Instrumente zur Kundenbindung wollen Sie einsetzen?

....

....

....

....

(kleine Denk- und Notiz-Pause)

KURZ UND KNACKIG:

- Investieren Sie in Bestandskunden mind. so viel wie in neue.
- Bitten Sie Kunden um Empfehlungen – manche freut's sogar!
- Kundenpflege = Infos, Service, Specials = „Sie sind drin!"

6   Kunden binden

Warum?

Weil Neukundengewinnung viel aufwändiger ist.

➤ keine Scheu, um Empfehlungen zu bitten!
    – manche freuen sich sogar …

Kundenbindungsinstrumente (Passendes auswählen):

➤ Newsletter
    <<<   wenig Aufwand, große Wirkung <<<   MACHEN!

➤ Podcast
    <<<   Vorteil: der Kunde hört Sie in Aktion!
    <<<   Nachteil: viel Aufwand

➤ Werbemittel
    o   nur, wenn das Produkt zu Ihnen passt

➤ Weihnachtspost
    o   charmantes Mittel zur Kontaktpflege, aber nur, wenn es mehr ist als eine Standardpappkarte mit Unterschrift
    <<< nutzen Sie die Chance, sich zu zeigen!

>>>   **Pflegen Sie Ihre Kunden**
    – dann pflegen die Ihr Geschäft!

7 Wie Sie Ihren Laden am Laufen halten

„Ich geh' jetzt an die Börse!"

Wann rechnet sich Ihr Geschäft?

Falls Sie unter dieser Überschrift eine betriebswirtschaftliche Formel erwartet haben, wird dieses Kapitel Sie enttäuschen: Natürlich müssen Ihre Zahlen stimmen, und allerspätestens nach vier Jahren sollten Sie von Ihrer gesundheitspsychologischen Selbständigkeit gut leben können

> (im dritten Jahr gibt es bei den meisten eine krasse Nachzahlung ans Finanzamt, mit der man dummerweise nicht gerechnet hat, aber danach ist man ja schlauer und legt etwas beiseite; und das mit der Umsatzsteuer hat man bis dahin auch kapiert. Das scheint bei den meisten Existenzgründern so zu sein, dass sie damit nicht rechnen – aber danach geht es dann hoffentlich nur noch bergauf mit den Zahlen!)

Aber als Psychologen haben wir noch andere Erwartungen an ein gutes Geschäft als bloß den schnöden Mammon. Wichtig ist auch, wie wohl Sie sich mit Ihrem Laden fühlen. Macht Ihre Arbeit Sie glücklich, wenigstens ab und zu? Oder können Sie vor Sorge ums Geld nicht schlafen? Und wenn ja: Sind diese Sorgen wirklich begründet? Vielleicht hilft es Ihnen, wenn Sie sich eine Art Schonzeit einräumen.

Wie Sie im nächsten Fettnäpfchen-Kasten sehen, kann man sich damit ganz gut den Druck nehmen. Wichtig ist, dass Ihre Lebensbalance stimmt. Dass Sie nach einer gewissen befristeten Startphase (ein halbes Jahr?) gut schlafen. Dass Sie noch Zeit haben, Ihre Freunde zu sehen und spätestens nach zwei Jahren echten Urlaub zu machen. Sonst stimmt etwas nicht.

Mein Geschäft war einmal in einer bösen Schieflage. Dabei konnte ich selbst quasi gar nichts dafür – auf den ersten Blick. Bei einer näheren Betrachtung aber sehr wohl.

Ich hatte zu dem Zeitpunkt zwei Drittel meines Jahresumsatzes mit einem einzigen riesigen Unternehmen gemacht. Und plötzlich strukturierte das Unternehmen sich um. Es gab ein personelles Bäumchen-Wechsel-Dich – und z.B. die bis dahin übliche interne Werbung für meine Angebote unterblieb fortan (obwohl alle höchst zufrieden waren; aber welcher Mensch unterstützt schon das, was sein Vorgänger unterstützt hat?!).

Der Kunde brach mir dadurch fast vollständig weg. Und andere gab's nicht mehr – ich hatte sie vernachlässigt. Das war arg. Ich spielte mit dem Gedanken, meine eben erst bezogene riesengroße Wohnung (bis dahin lief ja alles golden) wieder zu kündigen, meine Altersvorsorgezahlungen ruhen zu lassen und …. mir eine Festanstellung zu suchen, wenn es mir nicht gelänge, bis zu einem bestimmten Stichtag in 4 Monaten Aufträge mit einem Umsatzwert in Höhe meines Existenzminimums zu generieren (sehr großzügig, denn eigentlich wollte ich ja unbedingt selbständig bleiben, also setzte ich das Level niedrig an).

Dieser von mir per Hand unterzeichnete Vertrag kam an die Bürowand, und davor machte ich jeden Morgen eine Übung mit positiven Selbstsuggestionen. Wie Sie an der Existenz dieses Buches merken: Es hat geklappt. Und weit mehr als das.

Aber das Fazit ist eindeutig: Nie das Geschäft riskieren, indem man sich aus Bequemlichkeit von einem Großkunden abhängig macht … Seitdem erhält jeder Kunde bei mir maximal 2-3 Seminare pro Jahr.

Stellen Sie also Ihr Geschäft im Hinblick auf die Themen, die Sie bedienen, spitz statt breit auf (mindestens bis die Marke „fertig gebildet" ist); aber stellen Sie Ihr Geschäft im Hinblick auf die Kunden lieber breit als spitz auf! Je mehr unterschiedliche (branchenübergreifend?) Kunden Sie haben, desto besser. Dann ist es nicht so schlimm, wenn mal einer ausfällt, zum Beispiel weil seine Branche kriselt.

Wie können Sie expandieren?

Irgendwann ist es an der Zeit anzubauen. Wenn der Laden gut läuft, werden Sie feststellen: Sie können Ihre Präsenzzeit nicht beliebig oft verkaufen. Als Dienstleister müssen Sie ja in der Regel vor Ort sein. Das geht aber nur an 200 Tagen pro Jahr (und im Hinblick auf Ihre Gesundheit: besser nur an 80 Tagen im Jahr; Sie müssen sich ja auch erholen, vorbereiten, nachbereiten, Öffentlichkeitsarbeit betreiben etc.). Der beliebigen Multiplizierbarkeit des Einkommens sind also Grenzen gesetzt, weil Sie sich nicht vierteilen können.

Was also tun? Sie können Aufgaben delegieren, indem Sie Mitarbeiter einstellen, zum Beispiel fürs Büro (Reisen buchen, Rechnungen schreiben, Buchführung auslagern) oder für Ihr Kerngeschäft (was auch immer das ist: Seminare geben, Vorträge halten, Einzelcoaching betreiben, Mitarbeiterbefragungen durchführen usw.).

Wenn Sie im Seminargeschäft tätig sind, können Sie sich zum Leiter eines Trainingsinstituts machen, für das mehrere andere Menschen Seminare geben. Manchen gefällt das, andere fühlen sich im Live-Kontakt mit den Seminarteilnehmern wohler, so dass sie quasi einen Institutsleiter einstellen. Oder, eleganter, Sie bieten Train-the-Trainer-Seminare an, sprich: Sie geben Ihr Wissen an Multiplikatoren weiter. Diesen Weg schlagen ganz viele ein, aber das wissen Sie ja selber.

Daneben gibt es auch qualitative Expansionsmöglichkeiten: Wenn die Marke einmal gut etabliert ist, können Sie Ihre Aktivitäten wieder breiter werden lassen; das „Spitzmachen" war wichtig für die Markenbildung, jetzt ist es nicht mehr erforderlich – Sie sind der Experte für immer, Punkt. Nun können Sie sich erlauben, andere Steckenpferde zu pflegen. In meinem Fall z.B. Bücher schreiben, auch für andere Themen als „Gesund führen" (dieses hier, aber auch Bücher und Materialien für den gestressten „Normalmenschen im Job"). Ich finde das sehr befriedigend.

Oder möchten Sie etwas ganz anderes machen? Sich ausprobieren? Kaum jemand hat diese Freiheit außer uns Selbständigen …

Wie geht's weiter?

Vielleicht – hoffentlich – stellen Sie sich immer wieder mal, zum Beispiel zum Quartals- oder Jahreswechsel, die Frage, ob Sie noch in der Spur sind. Machen Sie das, was Sie wirklich machen wollen? Ist das noch Ihr Weg? Und wie lange wollen Sie den noch so gehen? Passt das für Sie, so weiter zu machen bis zur Rente? Werden Sie dann sagen können: Ja, ich habe gut gelebt? Super!

Kaum jemand hat die Chance, sein berufliches Leben so komplett selber zu bestimmen wie wir Freiberufler. Ich finde, das ist ein sagenhaftes Geschenk, selber darüber entscheiden zu dürfen, wie man seine Brötchen verdient. Zugleich steckt darin auch eine große Verpflichtung, nämlich die, alles möglichst richtig zu machen. Es gibt keinen Chef, den wir für schlechte Zahlen oder Misswirtschaft verantwortlich machen könnten.

(Nicht nur) Meine These und Erfahrung besagt: Wenn es gelingt, sich zu einer Marke zu machen und zugleich die Kunden an sich zu binden (regelmäßig zu erinnern mit kostenlosen Service-Angeboten, die Nutzen bringen), dann zieht das in einer Nische zwangsläufig Erfolg nach sich, im Sinne von mehr Kunden und mehr Umsatz – eben so, wie es vorn auf dem Buchcover zu sehen ist.

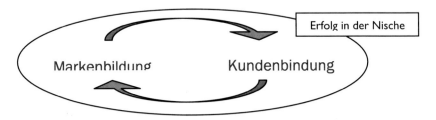

KURZ UND KNACKIG:

- Es ist fatal, von einem Großkunden abhängig zu sein.
- PR-Arbeit ist DER Garant für langfristige Selbständigkeit.
- Wenn Ihre Markenbildung fertig ist, werden Sie breiter!

7   Den Laden am Laufen halten

Warum?

Als Altersvorsorge? Oder warum?
Die Frage müssen Sie sich, glaube ich, selber beantworten ...

Kritische Fragen:

- Sind Sie noch auf „Ihrem" Weg?
- Und ist der gut?
- Passt das so für Sie bis zur Rente?

➢ Quantitative Expansionsmöglichkeiten:

- o Mitarbeiter einstellen
- o Institutsleiter werden oder einen einkaufen
- o Train-the-Trainer-Seminare konzipieren

➢ Qualitative Expansionsmöglichkeiten:

- o eigene Bücher schreiben und verkaufen
- o Lizenzen vergeben
- o die Marke verkaufen
- o etwas ganz anderes machen ???

>>>   **BLEIBEN SIE WACH!**

Allzeit gute Geschäfte!

Nachwort

Sie haben es bestimmt gemerkt: Mir hat es einen Riesenspaß gemacht, dieses Buch zu schreiben. Ich war während vieler Passagen regelrecht beschwingt. Und ich wünsche Ihnen (und mir – denn dann hätte das Buch gefruchtet), dass Sie in ein paar Jahren ein ähnliches Buch schreiben. Vielleicht mit aktuellen Literaturhinweisen ...

Und natürlich hoffe ich, dass Sie so viel Freude und Erfolg erleben dürfen bei Ihrem Weg in die Selbständigkeit als Gesundheitspsychologin, wie ich es hatte. Auch wenn die zahlreichen „Fettnäpfchen-Geschichten" es vielleicht nicht vermuten lassen: Ich fand die letzten zwölf Jahre ausgesprochen segensreich. Es berührte mich innerlich oft, wenn ich merkte: „Das tut den Leuten gut, was ich mit ihnen mache. Die haben was davon. Und weil mich das freut, habe auch ich etwas davon."

Ein reiches Leben.

Auch aus Gesprächen mit netten Kollegen weiß ich: Die Selbständigkeit als Gesundheitspsychologe kann sehr befriedigend sein. Dabei sind eben diese Kolleginnen und Kollegen ganz wichtig. Denn der Job kann schon einsam machen: Man ist viel unterwegs; man spricht viel, geht viel in Kontakt – aber eben mit Kunden und Klienten. Wenn man nicht auf sich aufpasst, ist man nach Feierabend leer. Gute Kollegen können einen auf solche Schieflagen hinweisen. Vernetzung ist daher auch im Sinne unserer eigenen Gesundheit ein bedeutender Faktor.

Vielleicht konnte das Buch dazu beitragen, Sie noch ein Fitzelchen fitter zu machen für Ihre Selbständigkeit, als Sie es ohnehin schon sind. Das würde mich freuen.

Anne Katrin Matyssek

Kostenfreie Beispiele für gesundheitspsychologische PR-Arbeit

Falls Sie noch ein paar Beispiele suchen, wie die Öffentlichkeitsarbeit einer selbständigen Gesundheitspsychologin aussehen kann, gibt es hier noch ein paar Ideen aus meinem Fundus. Es handelt sich natürlich primär um Hilfsmittel für den Führungsalltag.

Auf der Website www.gesund-fuehren.de finden Sie unter anderem:

- einen Selbstcheck zur Frage: Führe ich anwesenheitsfördernd?
- eine Übersicht: Woran erkennt man, ob ein Mensch überlastet ist?
- einen Leitfaden für das Gespräch mit überlasteten Beschäftigten
- vertiefende Texte zu den 6+1 Dimensionen gesunder Führung
- unter der Überschrift „Psyche stärken" Tipps für mehr self care

Außerdem empfehle ich Ihnen einen Blick in meinen eMail-Infoletter. Den Link finden Sie ebenfalls unter www.gesund-fuehren.de. Er beinhaltet jeweils 5 bis 8 Beiträge zu einem Thema. Bisherige Inhalte waren z.B.:

- Mentale Stressbewältigung – alles Humbug?
- Gesunde Führung – Umgang mit dem Kränker-Chef
- Wertschätzung fördern – und endlich bekommen
- Fehlzeiten reduzieren – echte Anwesenheit steigern
- Abschalten lernen – das können Sie auch
- Die psychische Gesundheit im Job stärken

Zudem gibt es zwei Podcasts von mir (mp3-Dateien – zum Hören über Lautsprecher, ipod etc.): einen speziell für Führungskräfte (www.gesund-führen-podcast.de), einen für mehr Wertschätzung im ganzen Team (www.podcast-pause.de). Beide dauern jeweils ca. 5'. Bisherige Inhalte:

- Das Willkommensgespräch
- Die Blaumacher-Problematik
- Wenn jemand unangenehm riecht
- Wertschätzend bleiben in Konflikten
- Anwesenheitsfördernd führen
- Anerkennung geben ohne Schleimverdacht

Literaturtipps

- Oliver Gorus & Jörg-Achim Zoll (2006): Erfolgreich als Sachbuchautor. Gekonnt publizieren - von der Buchidee bis zur Vermarktung. GABAL-Verlag, Offenbach. 19,90 EUR.

- Jutta Häuser (2007): Marketing für Trainer. Kein Profi(t) ohne Profil. ManagerSeminare Verlags GmbH, Bonn. 29,90 EUR.

- Bernhard Kuntz (2008): Warum kennt den jeder? Wie Sie als Berater durch Pressearbeit Ihre Bekanntheit steigern und lukrative Aufträge an Land ziehen. ManagerSeminare Verlags GmbH, Bonn. 39,90 EUR.

- Bernhard Kuntz (2005): Die Katze im Sack verkaufen. Wie sie Bildung und Beratung mit System vermarkten. ManagerSeminare Verlags GmbH, Bonn. 49,90 EUR.

- Bernd Röthlingshöfer (2004): Kauf! Mich! Jetzt! Die besten Werbestrategien für Autoren und Selbstverleger. BoD, Norderstedt. 14,90 EUR.

- Torsten Schwarz (2008): Erfolgreiches Online-Marketing. Schritt für Schritt zum Ziel. Haufe, Freiburg. 34,80 EUR.

- www.unternehmenskick.de (2008): Planen und Erstellen eines wirksamen E-Mail-Newsletters. Online beziehbar für 49,00 EUR.

Stichwortverzeichnis

Dr. Anne Katrin Matyssek

Jahrgang 1968, Diplom-Psychologin und approbierte Psychotherapeutin

arbeitet seit 1998 als Rednerin, Trainerin und Beraterin zu Betrieblichem Gesundheitsmanagement für Verwaltungen und Firmen der freien Wirtschaft zum Thema:

Gesundheitsgerechte Mitarbeiterführung durch
Wertschätzung im Betrieb

Autorin mehrerer Bücher

Referenzen finden Sie unter: www.gesund-fuehren.de

Ich freue mich, wenn Ihnen dieses Buch gefallen und geholfen hat. Falls Sie Lust haben, mir eine Rückmeldung zu geben, schicken Sie doch einfach eine eMail an:

info@do-care.de

Weitere Infos und Anregungen finden Sie auf meiner Website:

www.do-care.de

Dort können Sie auch gern meinen Newsletter abonnieren. Er erscheint alle 2 Monate als e-Mail und enthält Videos, Audios und Lesenswertes zu jeweils einem Thema.

Von Herzen alles Gute wünscht Ihnen

Ihre Anne Katrin Matyssek

Weitere Bücher und Angebote der Autorin (Auswahl)

Meinen Online-Shop finden Sie im Internet unter www.do-care-shop.de.

Führung und Gesundheit.
Ein praxisnaher Ratgeber zur Förderung der
psychosozialen Gesundheit im Betrieb.
ISBN 978-3-8391-0639-6
Paperback, 208 Seiten – € 22,90 (D)
do care!, Düsseldorf 2009

Abschalten lernen in 3 Wochen.
CD plus Begleitheft (24 Seiten, durchgehend vierfarbig)
2. Auflage Dezember 2008 (1. Aufl. Oktober 2008)
ISBN 978-3-00-026020-9
do care! 2008 – 24,95 € (D)

Pilates für die Psyche. Wie Sie
trotz Arbeitsbelastungen gesund bleiben.
ISBN 978-3-8370-6985-3
Paperback, 52 Seiten – € 8,99 (D)
do care!, Düsseldorf 2008

Anmerkung: Es geht nicht um Pilates,
sondern um einfache verhaltenstherapeutische
Tipps für eine starke Psyche.

Führungsfaktor Gesundheit.
So bleiben Führungskräfte und Mitarbeiter gesund.
ISBN 978-3-89749-732-0
Gabal-Verlag 2007 und 2010– 19,90 € (D)

Außerdem gibt es etliche Auftragsarbeiten von mir: Bücher, Trainerleitfäden und Booklets, die ich im Auftrag von Kunden geschrieben habe. Diesen Bereich würde ich gern ausbauen. Wenn Sie gern eine firmenbezogene Publikation zum Themenkomplex „Gesund führen" oder „Wertschätzung" hätten, sprechen Sie mich einfach an! Und natürlich für Vorträge zu diesen Themen.